本书为中央高校面上项目"新时代重大法治问题研究"（2019CDSKXYFX0040）成果

重大法学文库

光伏发电及天然气政策法律专题研究

王 江　胡德胜◎主 编

中国社会科学出版社

图书在版编目(CIP)数据

光伏发电及天然气政策法律专题研究／王江，胡德胜主编.—北京：中国社会科学出版社，2021.3

（重大法学文库）

ISBN 978-7-5203-7933-5

Ⅰ.①光… Ⅱ.①王…②胡… Ⅲ.①太阳能光伏发电—产业政策—研究—中国 ②天然气工业—产业政策—研究—中国③太阳能光伏发电—法律—研究—中国 ④天然气工业—法律—研究—中国　Ⅳ.①F426.2②D922.292.4

中国版本图书馆 CIP 数据核字（2021）第 029444 号

出 版 人	赵剑英
责任编辑	梁剑琴
责任校对	李　莉
责任印制	郝美娜

出　　版	中国社会科学出版社
社　　址	北京鼓楼西大街甲 158 号
邮　　编	100720
网　　址	http://www.csspw.cn
发 行 部	010-84083685
门 市 部	010-84029450
经　　销	新华书店及其他书店
印刷装订	北京市十月印刷有限公司
版　　次	2021 年 3 月第 1 版
印　　次	2021 年 3 月第 1 次印刷
开　　本	710×1000　1/16
印　　张	12
插　　页	2
字　　数	200 千字
定　　价	75.00 元

凡购买中国社会科学出版社图书，如有质量问题请与本社营销中心联系调换
电话：010-84083683
版权所有　侵权必究

《重大法学文库》编委会

顾　问：陈德敏　陈忠林
主　任：黄锡生
副主任：靳文辉
成　员：陈伯礼　陈　锐　胡光志　黄锡生
　　　　靳文辉　刘西蓉　李晓秋　秦　鹏
　　　　王本存　吴如巧　宋宗宇　曾文革
　　　　张　舫　张晓蓓

出版寄语

《重大法学文库》是在重庆大学法学院恢复成立十周年之际隆重面世的，首批于2012年6月推出了10部著作，约请重庆大学出版社编辑发行。2015年6月在追思纪念重庆大学法学院创建七十年时推出了第二批12部著作，约请法律出版社编辑发行。本次为第三批，推出了20本著作，约请中国社会科学出版社编辑发行。作为改革开放以来重庆大学法学教学及学科建设的亲历者，我应邀结合本丛书一、二批的作序感言，在此寄语表达对第三批丛书出版的祝贺和期许之意。

随着本套丛书的逐本翻开，蕴于文字中的法学研究思想花蕾徐徐展现在我们面前。它是近年来重庆大学法学学者治学的心血与奉献的累累成果之一。或许学界的评价会智者见智，但对我们而言，仍是辛勤劳作、潜心探求的学术结晶，依然值得珍视。

掩卷回眸，再次审视重大法学学科发展与水平提升的历程，油然而生的依然是"映日荷花别样红"的浓浓感怀。

1945年抗日战争刚胜利之际，当时的国立重庆大学即成立了法学院。新中国成立之后的1952年院系调整期间，重庆大学法学院教师服从调配，成为创建西南政法学院的骨干师资力量。其后的40余年时间内，重庆大学法学专业和师资几乎为空白。

在1976年结束"文化大革命"并经过拨乱反正，国家进入了以经济建设为中心的改革开放新时期，我校于1983年在经济管理学科中首先开设了"经济法"课程，这成为我校法学学科的新发端。

1995年，经学校筹备申请并获得教育部批准，重庆大学正式开设了经济法学本科专业并开始招生；1998年教育部新颁布的专业目录将多个部门法学专业统一为"法学"本科专业名称至今。

1999年我校即申报"环境与资源保护法学"硕士点，并于2001年获准设立并招生，这是我校历史上第一个可以培养硕士的法学学科。

值得特别强调的是，在校领导班子正确决策和法学界同人大力支持下，经过校内法学专业教师们近三年的筹备，重庆大学于2002年6月16日恢复成立了法学院，并提出了立足校情求实开拓的近中期办院目标和发展规划。这为重庆大学法学学科奠定了坚实根基和发展土壤，具有我校法学学科建设的里程碑意义。

2005年，我校适应国家经济社会发展与生态文明建设的需求，积极申报"环境与资源保护法学"博士学位授权点，成功获得国务院学位委员会批准。为此成就了如下第一：西部十二个省区市中当批次唯一申报成功的法学博士点；西部十二个省区市中第一个环境资源法博士学科；重庆大学博士学科中首次有了法学门类。

正是有以上的学术积淀和基础，随着重庆大学"985工程"建设的推进，2010年我校获准设立法学一级学科博士点，除已设立的环境与资源保护法学二级学科外，随即逐步开始在法学理论、宪法与行政法学、刑法学、民商法学、经济法学、国际法学、刑事诉讼法学、知识产权法学、法律史学等二级学科领域持续培养博士研究生。

抚今追昔，近二十年来，重庆大学法学学者心无旁骛地潜心教书育人，脚踏实地地钻研探索、团结互助、艰辛创业的桩桩场景和教学科研的累累硕果，仍然历历在目。它正孕育形成重大法学人的治学精神与求学风气，鼓舞和感召着一代又一代莘莘学子坚定地向前跋涉，去创造更多的闪光业绩。

眺望未来，重庆大学法学学者正在中国全面推进依法治国的时代使命召唤下，投身其中，锐意改革，持续创新，用智慧和汗水谱写努力创建一流法学学科、一流法学院的辉煌乐章，为培养高素质法律法学人才，建设社会主义法治国家继续踏实奋斗和奉献。

随着岁月流逝，本套丛书的幽幽书香会逐渐淡去，但是它承载的重庆大学法学学者的思想结晶会持续发光、完善和拓展开去，化作中国法学前进路上又一轮坚固的铺路石。

陈德敏

2017年4月

目　　录

专题一　光伏发电产业发展的政策风险及其有效消解研究 …………（1）
　第一节　导论 ………………………………………………………（1）
　　一　光伏与光伏发电产业的基本认知 …………………………（1）
　　二　研究方法、调研对象和分析模型 …………………………（3）
　第二节　风险酝存：光伏发电产业高速发展的现实样态 …………（4）
　　一　主要发达国家光伏发电产业的发展概况 …………………（4）
　　二　我国光伏发电产业的发展概览 ……………………………（7）
　第三节　风险显现：光伏发电产业政策演进及其失配分析 ………（13）
　　一　政策演变历程 ………………………………………………（13）
　　二　政策内容缕析 ………………………………………………（16）
　　三　光伏发电企业发展需求与政策变动的失配 ………………（23）
　第四节　风险消解：光伏发电政策风险的有效因应 ………………（29）
　　一　抓住"一带一路"机遇，布局国内和国外两个市场 ……（29）
　　二　分类管控风险，灵活应对常量与变量 ……………………（30）
　　三　多渠道开展政策"游说"，推动实现政策逆向生成 ……（33）
　　四　立足内力提升，多手段强化抗风险能力 …………………（35）
　第五节　光伏发电产业发展的阶段性总结与未来展望 ……………（37）

专题二　智能光伏：肇启、愿景与实现 ………………………………（39）
　第一节　导论 ………………………………………………………（39）
　　一　研究的国内背景与动因 ……………………………………（39）
　　二　研究的国外背景 ……………………………………………（41）

三　研究目的与研究内容 …………………………………… (45)
四　分析框架与调研对象 …………………………………… (46)
第二节　智能光伏的基本认知 ………………………………… (47)
一　智慧能源的缘起与发展 ………………………………… (47)
二　智能光伏的内涵与多维认知 …………………………… (48)
第三节　肇启：我国智能光伏产业实践状况及其促进政策 …… (49)
一　我国智能光伏的发展实践 ……………………………… (49)
二　促进我国智能光伏发展的政策 ………………………… (55)
三　制约我国智能光伏发展的多重因素 …………………… (56)
第四节　愿景：智能光伏的发展目标 ………………………… (58)
一　目标描绘 ………………………………………………… (58)
二　两大支持系统 …………………………………………… (59)
三　四个重点发展方向 ……………………………………… (59)
四　六大应用场景 …………………………………………… (61)
第五节　实现：智能光伏促进制度的构建 …………………… (63)
一　智能光伏的总体规划制度 ……………………………… (63)
二　智能光伏的产业协调制度 ……………………………… (64)
三　智能光伏的财税支持制度 ……………………………… (64)
四　智能光伏的创新激励制度 ……………………………… (66)
五　智能光伏的统一调度制度 ……………………………… (67)

专题三　废弃光伏组件无害化处置的问题诊断与解决对策 …… (69)
第一节　导论 …………………………………………………… (69)
一　对废弃光伏组件数量激增的研判 ……………………… (69)
二　废弃光伏组件的潜在危害 ……………………………… (70)
三　废弃光伏组件无害化处置的经济可行性 ……………… (70)
第二节　我国废弃光伏组件无害化处置的问题 ……………… (71)
一　富集区与无害化处置能力区的分布错位 ……………… (71)
二　废弃光伏组件无害化处置的内生动力不足 …………… (71)
三　废弃光伏组件无害化处置的外部制度约束不力 ……… (72)
第三节　域外废弃光伏组件无害化处置的制度考察 ………… (74)
一　完善法律规范体系 ……………………………………… (74)

二　明确无害化处置的义务主体 …………………………………… (74)
　　三　可量化的无害化处置管理目标 ………………………………… (75)
　　四　无害化处置的制度衔接 ………………………………………… (75)
　第四节　我国废弃光伏组件无害化处置的对策 ………………………… (76)
　　一　完善以相关名录为核心的规范性制度 ………………………… (76)
　　二　制订废弃光伏组件强制回收处置计划 ………………………… (77)
　　三　明确生产者责任双向延伸制度 ………………………………… (78)
　　四　建立废弃光伏组件回收基金 …………………………………… (79)

专题四　我国天然气长输管网管理体制改革法律问题研究 ………… (80)
　第一节　基本认知：我国天然气长输管道概览 ………………………… (81)
　　一　我国天然气长输管道的建设概况 ……………………………… (81)
　　二　我国天然气长输管道的管理体制 ……………………………… (84)
　第二节　法律问题：我国天然气长输管网管理体制改革的法制
　　　　　制约 ……………………………………………………………… (90)
　　一　管道设施公平开放制度施行困难 ……………………………… (90)
　　二　现行天然气管输费收取标准缺乏科学性 ……………………… (92)
　　三　统一建设、统购统销省网运营模式增加管输成本 …………… (93)
　　四　管网设施保护体制机制不健全 ………………………………… (95)
　第三节　域外典型：美国天然气长输管网管理体制总览 ……………… (96)
　　一　美国天然气长输管网道的建设成就 …………………………… (96)
　　二　美国的天然气长输管道管理体制 ……………………………… (98)
　第四节　对策建议：我国天然气长输管网管理体制改革的法治
　　　　　保障 ……………………………………………………………… (101)
　　一　促进管道设施公平开放制度的实施 …………………………… (101)
　　二　制定科学合理的定价机制 ……………………………………… (103)
　　三　加快天然气省级管网的市场化改革 …………………………… (105)
　　四　完善设施保护的体制和机制 …………………………………… (106)

专题五　我国城镇管道天然气发展的现实困境与法治保障 ………… (109)
　第一节　我国城镇燃气管道的法律问题 ………………………………… (109)

一　建筑物规划红线内燃气管道产权归属与运维义务的法律
　　　　失配 …………………………………………………………（109）
　　二　大用户直供政策与城镇管道燃气特许经营制度形成
　　　　冲突 …………………………………………………………（116）
　　三　缺乏针对燃气盗窃行为的有效治理措施…………………（120）
第二节　天然气管道运输管理体制改革的法治保障………………（122）
　　一　厘清建筑物规划红线内燃气管道产权与运营义务………（122）
　　二　构建科学合理的城镇燃气特许经营与天然气直供协调
　　　　发展模式 ……………………………………………………（125）
　　三　完善燃气盗窃行为的法律治理机制………………………（128）

专题六　LNG 港口转运安全风险管控的现实样态、制度图景和效能跃升 ……………………………………………………………（131）

第一节　导论…………………………………………………………（131）
　　一　研究背景……………………………………………………（131）
　　二　研究目的……………………………………………………（133）
　　三　研究思路和研究方法………………………………………（133）
　　四　研究内容……………………………………………………（134）
第二节　LNG 港口转运安全风险管控概览…………………………（135）
　　一　LNG 港口转运安全风险种类及来源……………………（135）
　　二　LNG 港口转运安全事故的统计与分析…………………（137）
第三节　LNG 港口转运安全风险管控的域外考察…………………（139）
　　一　欧盟 LNG 港口转运安全风险管控 ………………………（139）
　　二　韩国 LNG 港口转运安全风险管控 ………………………（140）
　　三　日本 LNG 港口转运安全风险管控 ………………………（141）
　　四　美国 LNG 港口转运安全风险管控 ………………………（142）
第四节　LNG 港口转运安全风险管控的现实样态…………………（143）
　　一　LNG 港口转运安全风险的政府监管……………………（143）
　　二　LNG 港口转运安全风险的企业管控……………………（149）
第五节　LNG 港口转运安全风险管控的规范图景…………………（153）
　　一　LNG 港口转运安全风险管控的价值取向………………（153）
　　二　我国 LNG 港口转运安全风险管控的失配………………（158）

第六节　LNG港口转运风险管控的效能跃升 …………………… (164)
　　一　效能跃升的前提：正确的目标导向 ………………………… (165)
　　二　效能跃升的基础：优质的管控模式 ………………………… (166)
　　三　效能跃升的可行建议 ………………………………………… (167)
第七节　结语 …………………………………………………………… (172)

参考文献 ………………………………………………………………… (174)
后记 ……………………………………………………………………… (181)

专题一

光伏发电产业发展的政策风险及其有效消解研究[*]

第一节 导 论

一 光伏与光伏发电产业的基本认知

太阳为地球上几乎所有的生命提供能量。清洁且取之不竭是太阳能的主要特点。法国物理学家埃德蒙·贝克勒尔（Edmond Becquerel）于1839年发现了光电效应，自此，人类开发和利用太阳能的步伐就未曾停止，并发展出了多种开发和利用太阳能的方式。随着太阳能电池组件的发明以及光电转化技术的不断发展，人类开发出了太阳能光伏发电这一太阳能开发和利用的新模式。光伏能源作为一种新兴的清洁能源，对优化电力结构、促进能源转型升级、保障能源安全、建立清洁低碳的现代能源体系具有重要作用。

作为一种电力新业态，光伏发电产业属于能源新业态的范畴，被世界各国所推崇，并定位为需要大力发展的战略性产业。发展光伏发电产业，不仅有助于促进新能源产业的发展壮大，还有利于能源结构的优化和减少温室气体的排放，缓解能源产业发展的环境压力，既符合我国绿色发展和

---

[*] 本专题调研组指导教师王江，组长刘鹏，成员杨静、胡园园、郑瑶，执笔人王江、杨静、胡园园、柏清。

低碳发展的现实要求，也契合了生态文明建设的时代背景，对促进生态文明建设具有重要意义。

自21世纪以来，我国为促进光伏发电产业发展密集制定了一系列政策，在政策利好的不断刺激和技术革新的双重推动下，我国的光伏发电产业发展取得了举世瞩目的成就。统计数据表明，我国光伏发电新增装机已经连续5年居于全球第一，累计装机规模也已连续3年位居全球第一。自2017年起，我国的分布式光伏发电更是取得了爆发式增长。在2018年一季度光伏发电的井喷式增长中，分布式光伏发电的增速更是达到了破纪录的217%。

2018年5月31日，国家发展和改革委员会、财政部和国家能源局联合印发了《国家发展和改革委员会、财政部、国家能源局关于2018年光伏发电有关事项的通知》（又称"531新政"），规定减少光伏装机量和补贴。"531新政"对我国的光伏发电产业产生了巨大的影响，部分光伏发电企业的生产经营顿时陷入困境，有些光伏发电企业甚至面临倒闭或被收购的风险，几乎所有的光伏发电上市企业的股价都明显下挫，产业链内上市企业的市值总计蒸发超过300亿元。上述现象和数据均表明，我国光伏发电产业的政策调整和变化中蕴含着巨大的风险，这在很大程度上影响着我国光伏发电产业的健康、持续和稳定发展。

我国光伏发电产业所表现出的"政策敏感型"[①] 特点是光伏发电产业发展问题研究的基本认识前提。然而，从现有的研究成果来看，学界在相关问题的研究上还或多或少地对此有所忽略。事实上，无论是对产业链条中的参与企业而言，还是对整个光伏发电产业而言，准确识别政策法律的变动风险，精准解析政策法律变动的风险点，有效因应并成功消解政策法律变化带来的风险，这些都关涉光伏发电产业的健康发展。光伏发电企业充分利用政策提供的外部稳定的环境，有效消解政策变化中的不确定性风险，均是光伏发电产业在未来发展中必须高度重视的重大问题。事实上，一方面是光伏发电产业的爆发式增长，另一方面是光伏发电政策法律的不稳定性，两者均凸显了光伏发电在市场信息、产业信息与政策制定信息上存在信息不对称的弊端。而且，光伏发电产业政策风险的不断增生和凸显，又加重了光伏发电产业持续发展的压力，部分光伏发电企业出现了融

---

① 行业发展受政策变动影响大，对政策变化感知较为敏感。

资困难、自身造血能力不足、补贴"断奶"后盈利能力下降等问题。

基于上述分析，本专题选择光伏发电中的分布式光伏发电产业为研究对象，对分布式光伏发电产业政策进行系统梳理。在此基础上，通过对分布式光伏发电产业现状的深入调研，了解光伏发电市场的实际运行情况，分析分布式光伏发电企业面临的代表性困难并对其进行深入解析，提出针对性的应对方案和具体的对策，期望既能为光伏发电企业的合规化运营提供智力支持，又能为我国光伏发电产业政策的科学化生成提供决策参考，最终促进我国光伏发电产业的健康发展和持续壮大。

二　研究方法、调研对象和分析模型

本专题的研究主要采取了以下三种方法：

一是田野调查法。研究团队赴上海进行了为期一周的实地调研。经过前期筛选，确定以某光伏发电企业为调研对象，就其位于上海市的分布式光伏发电项目进行实地考察，同时考察了上海市多个与受调研企业合作安装光伏发电组件的项目，深入地了解并掌握了分布式光伏发电的技术规范和生产流程。

受调研企业是专业从事光伏新能源的电力资产开发、电站建设、电站运维、电站投资管理、电力生产和销售等业务的全球性清洁能源企业。受调研企业近年来在光伏发电产业上取得了较好的成绩，其在企业合规化管理和产业发展方面做出了创新性尝试，且其对光伏发电政策波动的能动应对和政策风险的有效因应上所采取的诸多举措均具有典型性和代表性，故以该企业为调研对象。

二是深度访谈法。为深入了解分布式光伏发电企业对光伏发电产业政策的感受、意见及因应措施，作者与受调研企业的中高层管理人员进行了深度访谈，详细地探讨了光伏发电市场的发展及运行情况，深度地交流了光伏发电企业对现行光伏发电产业政策的意见和看法。

三是规范分析法。在进行实地考察和深度交流的基础上，针对调研获知的光伏发电产业中的现存问题，作者以北大法宝法律数据库、威科先行数据库、无讼法规数据库等为信息源，首先以"光伏发电产业""分布式光伏""新能源"等与政策演变内容相关的关键词进行法律法规检索，分别对检索结果全文进行搜索甄别，筛选出与政策演变相关的合适文本。之后，通过访问相关政府部门网站，梳理了我国光伏发电产业政策，分析了其中蕴含的政策风险。

在对现有光伏发电产业政策进行统计的基础上，本专题尝试建立以"政策工具维度"为横轴、"产业链维度"为纵轴的二维分析模型，对分布式光伏发电产业政策进行了梳理和分析。在分析现有分布式光伏发电产业政策蕴含的政策风险时，作者还综合运用了过程图法和环境分析法，以对现有的分布式光伏发电产业政策中蕴含的政策风险进行准确识别和针对性分析。

第二节 风险酝存：光伏发电产业高速发展的现实样态

一 主要发达国家光伏发电产业的发展概况

20世纪初期，面对能源结构转型升级的多重压力，发达国家在继续发展传统新能源的基础上，纷纷对太阳能光伏发电进行大力推广和扶持。光伏发电产业的发展前景迎来了新的机遇，产业规模和扩展速度增长迅速，众多光伏发电企业也纷纷扩大产能，共同促成了全球光伏发电装机容量呈现快速增长的态势。2016年11月4日，《巴黎协定》生效，更进一步推动了全球可再生能源电力的使用，受此影响，全球光伏发电迎来了装机容量的迅速增长。根据欧洲光伏发电产业协会的统计数据，截至2017年，全球光伏发电累计装机容量达到404.5吉瓦，亚太地区装机总量占全球的55%。

如图1-1、图1-2和图1-3所示，从2005—2017年，全球太阳能光伏新增装机容量从1.39吉瓦上升到99.1吉瓦，上升了70余倍；此外，全球太阳能光伏累计装机容量从2013年的138.83吉瓦增长到2017年的404.5吉瓦，平均每年增长25%以上，光伏发电产业可谓发展迅猛。在全球视野下，中国在全球光伏发电产业发展中取得了举世瞩目的成就。截至2017年，中国的光伏累计装机容量占据了全球光伏累计装机容量的32%。相比而言，美国、日本和德国的光伏发电产业紧随中国之后，其他国家则相距甚远。

（一）美国光伏发电产业发展现状

根据GTM Research和太阳能产业协会（SEIA）最新发布的"2017年

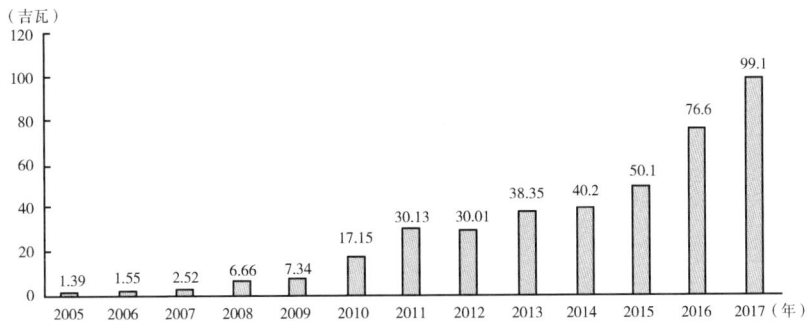

图 1-1　全球光伏新增装机容量（吉瓦）

资料来源：中国产业信息网：《2017 年全球光伏累计装机容量达 404.5 吉瓦，亚太装机总量占全球的 55%》（http://www.chyxx.com/industry/201809/676585.html）。

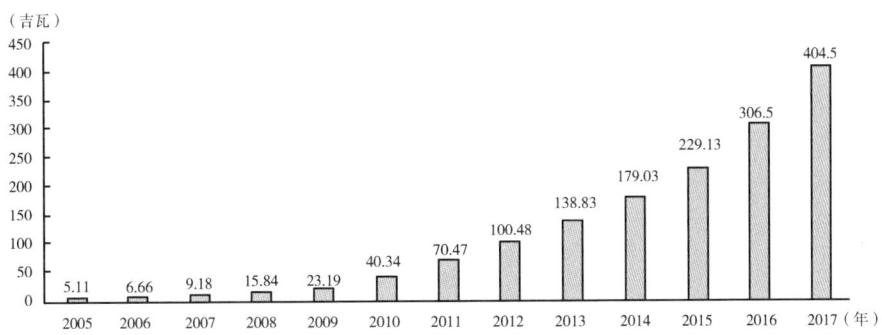

图 1-2　全球光伏累计装机容量（吉瓦）

资料来源：中国产业信息网：《2017 年全球光伏累计装机容量达 404.5 吉瓦，亚太装机总量占全球的 55%》（http://www.chyxx.com/industry/201809/676585.html）。

美国太阳能市场洞察报告年度回顾"，美国太阳能产业在 2017 年安装了 10.6 吉瓦的新光伏产能，其中包括企业太阳能和社区太阳能两大领域，比 2016 年（15.1 吉瓦）下降 29.8%，这是美国 15 年来光伏新增装机容量的首次下降。其原因在于，2016 年年底美国出现了"抢装潮"[①]，使 2016 年新增装机容量迅速集中增长，这提前"预支"了部分原本在 2017 年的项目，导致 2017 年美国光伏发电市场的萎缩。另外，2017 年光伏组件价格也呈现出近年来少有的微升趋势，影响了光伏发电产业投资。尽管

---

① 因政策利好而集中增加建设光伏设施。

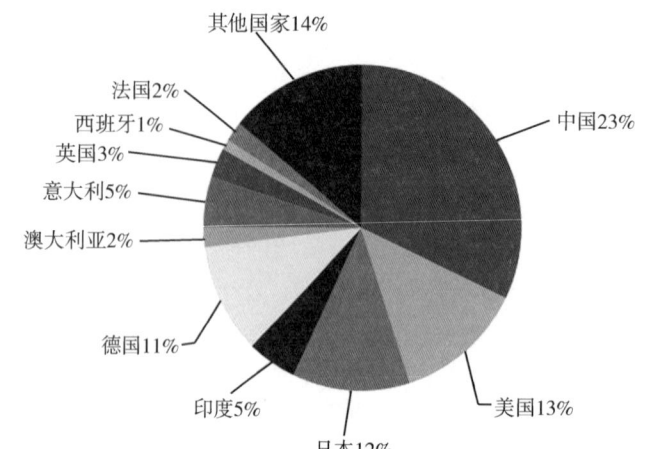

图 1-3　2017 年全球光伏累计装机容量前十

资料来源：中国产业信息网：《2017 年全球光伏累计装机容量达 404.5 吉瓦，亚太装机总量占全球的 55%》（http://www.chyxx.com/industry/201809/676585.html）。

2017 年美国光伏发电市场整体呈下降趋势，但是，非住宅细分市场在 2017 年成为人们关注的焦点，同比增长 28%，已连续四年实现年增长。

由于联邦和州的政策变化和市场变化，GTM Research 将 2018—2022 年美国光伏发电总装机容量的增长幅度预测值下调了 13%。尽管如此，GTM Research 仍预计未来 3 年美国光伏发电总装机容量将增加一倍以上，到 2023 年，每年将安装超过 15 吉瓦的光伏发电容量。

（二）日本光伏发电产业发展现状

2012—2017 年，日本可再生能源发电的装机量年均增速达到 26%，其中光伏发电贡献了主要的增量。根据集邦新能源网 Energy Trend 的统计数据，截至 2017 年年底，日本光伏累计装机量为 37.819 吉瓦，其中包含屋顶光伏装机量 5.19 吉瓦。但是，2017 年日本光伏新增并网装机量为 5.799 吉瓦，较 2016 年的 6.83 吉瓦，下降了约 15%。自 2018 年 4 月 1 日以来，日本政府进一步下调了 FIT(Feed-in-Tariff)，从 24 日元/度下调到 21 日元/度，下调幅度达 12.5%。由于日本的 BOS(Balance of System) 较高，所以即使光伏组件价格大幅下降，实际的电站建设成本下滑幅度也远小于组件价格下滑幅度，这致使日本的光伏电站运营服务商无利可图，许多日本光伏发电企业因此破产。由于这些公司是光伏电站的推广主体和建设主体，其大量破产必然会导致日本的光伏装机容量进一步减少。因此，从截至2018年年底的情况来看，日本的光伏发电产业发展陷入了暂时的萎缩困境。

(三) 欧洲光伏发电产业发展现状

根据英国著名的调查公司IHS Mar kit的数据显示，2017年欧洲的光伏发电出现了复苏迹象。新增光伏并网装机容量为8.61吉瓦，同比增长28%，达到了5年来的最高水平。2017年，土耳其光伏装机容量为1.79吉瓦，增长213%；德国光伏装机容量为1.75吉瓦，增长23%；英国光伏装机容量为912兆瓦，同比下降54%；法国光伏装机容量为875兆瓦，同比增长50%；而奥地利、希腊、瑞士等国家都在进一步推动光伏发电项目的发展，以期调整可再生能源在传统能源项目中的比重，推动本国能源转型，促进可持续能源发展和环境保护。

二 我国光伏发电产业的发展概览

(一) 我国的太阳能资源分布情况

我国太阳能资源丰富，全国2/3以上的地区日照时数大于2000小时，年辐射量达到5000兆焦耳/平方米以上。据统计，我国陆地面积每年接收的太阳辐射总量为（3.3—8.4）×10^3兆焦耳/平方米，相当于2.4×10^4亿吨标准煤的燃烧热量。由表1-1可见，我国的太阳能资源较为丰富的地区主要集中于"三北"地区及东部地区，南方地区的太阳能资源相对贫乏。

表1-1　　　　　　　　我国太阳能资源分布

地区	年日照时数（小时）	年辐射量（度/平方米）	相当于标准煤燃烧热量（千克）	主要地区	资源量
一类地区	3200—3300	1855—2333	225—285	青藏高原、甘肃、宁夏、新疆南部、河北西北部、山西北部、内蒙古南部等地区	资源丰富带
二类地区	3000—3200	1625—1855	200—225	山东、河南、河北东南部、山西南部、新疆北部、吉林、辽宁、云南、陕西北部、广东南部、福建南部、江苏中北部和安徽北部等地区	资源较富带
三类地区	2200—3000	1393—1625	170—200	长江中下游、福建和广东的一部分地区	资源一般带

续表

地区	年日照时数（小时）	年辐射量（度/平方米）	相当于标准煤燃烧热量（千克）	主要地区	资源量
四类地区	2200—3000	1163—1393	140—170	湖南、广西、江西、浙江、湖北等地区	资源较少带

资料来源：北极星太阳能光伏网：《我国太阳能分布概述》（http://guangfu.bjx.com.cn/news/20140724/530875.shtml）。

(二) 我国光伏发电产业发展的现状

电力是国民经济发展最重要的基础产业之一。中华人民共和国成立以来，我国电力结构以传统的煤电为主，其他类型的电力资源则作为补充。改革开放后，我国经济进入发展快车道，电力需求迅速提升，电力产业快速发展，电力装机迅速增长。随着我国科技的不断进步，发电技术也随之提升，加之人们节能意识的提高和环保意愿的增强，新能源、清洁能源等可再生能源的供需指数均呈现出持续增长的态势，我国的电力结构也逐渐发生了很大的变化。目前，我国以构建"清洁低碳，安全高效"的能源体系为能源发展战略，不断促进能源绿色低碳发展、深化供给侧改革，从而提高能源供给体系的质量和效率。

2015年11月30日，国家主席习近平出席气候变化巴黎大会开幕式并发表题为"携手构建合作共赢、公平合理的气候变化治理机制"的重要讲话，向世界宣告中国的可再生能源装机容量已占全球总量的24%，新增装机也占全球增量的42%。中国还通过"国家自主贡献"向世界郑重承诺：于2030年左右使二氧化碳排放量达到峰值，并争取尽早实现2030年单位国内生产总值二氧化碳排放比2005年下降60%—65%，非化石能源占一次能源消费比重达到20%左右，森林蓄积量比2005年增加45亿立方米左右。"国家自主贡献"中提出，到2020年和2030年，我国非化石能源占一次能源消费比重分别要达到15%、20%的能源转型目标，这些承诺和量化性目标更是为新能源产业发展注入了一剂强心针。

如图1-4、图1-5所示，尽管煤电、水电的装机和发电量仍在我国发电结构中占据很大比例，但太阳能光伏发电已经达到电力生产装机结构的7%，高于气电的5%和核电的2%，发电量也达到2%。2017年，我国光伏新增装机容量迅猛增长，新增装机接近53吉瓦，同比增加18.3吉瓦，增速高达53%，再次刷新历史高位。此外，如图1-6、图1-7所示，2017

年我国光伏新增装机容量是2016年的1.5倍、2015年的3.5倍、2014年的5倍和2013年的4倍。截至2017年年底,中国光伏发电累计装机达到了130.25吉瓦,而此前太阳能"十三五"规划的目标为105吉瓦,事实上,我国已经提前并超额完成"十三五"规划的目标。按照目前的发展态势,预计到2020年年底,中国光伏发电累计装机将有望达到250吉瓦。

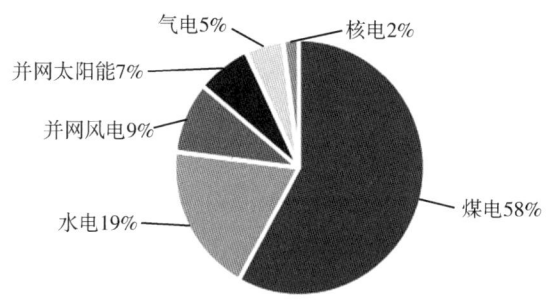

图1-4 2017年我国发电装机结构

资料来源:中国报告网:《2018年中国电力行业发电装机结构及煤电价格联动政策分析》(http://free.chinabaogao.com/dianli/201805/051533C342018.html)。

2009年至今,我国光伏发电产业发展历经了三个阶段:

第一阶段(2009—2012年),又称为"金太阳阶段"。起始于2009年国家能源局、财政部、科技部共同启动的"金太阳示范工程",由此开启国内光伏发电应用市场。2012年以前,我国主要发展大型光伏电站,分布式光伏发电的占比较少。"金太阳示范工程"实施初始的投资补贴为50%,大型光伏电站增长的同时也带动了分布式光伏增长,2011年新增分布式光伏装机同比增长245.8%,2012年同比增长79.7%。

第二阶段(2013—2015年),又称为"度电补贴阶段"。在"金太阳示范工程"较高初装补贴的刺激下,实践中出现了企业骗取光伏发电补贴的情况。为此,2013年8月,国家发展和改革委员会发布《关于发挥价格杠杆作用促进光伏发电产业健康发展的通知》,确定分布式光伏按每度0.42元全电量补贴(含税),从此开启了光伏"度电补贴阶段"。2012年9月《太阳能发电发展"十二五"规划》出台,将国内的光伏发电发展方

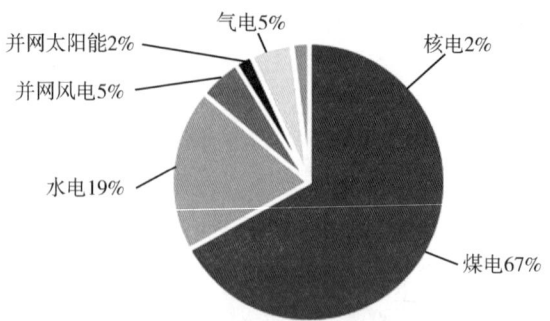

图 1-5 2017 年我国发电量结构

资料来源：中国报告网《2018 年中国电力行业发电装机结构及煤电价格联动政策分析》（http：//free.chinabaogao.com/dianli/201805/051533C342018.html）。

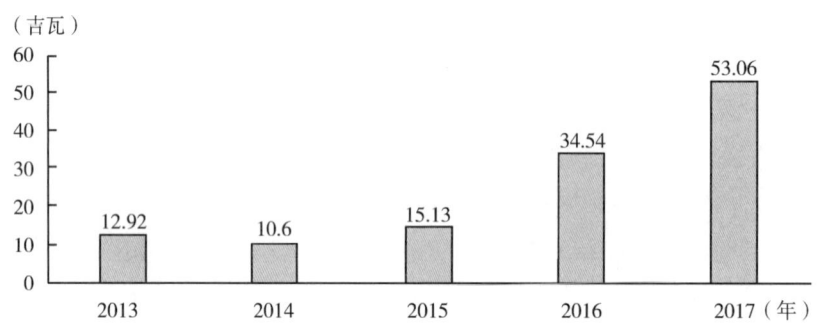

图 1-6 我国光伏新增装机容量（吉瓦）

资料来源：中国产业信息网：《2017 年中国光伏新增装机较上年增加 18.52 吉瓦，今后两年继续保持稳定增长》（http：//www.chyxx.com/industry/201809/680168.html）。

向首次引向了"分布式"电站。按照规划，"十二五"期间我国光伏的装机容量目标为 21 吉瓦，其中分布式光伏发电为 10 吉瓦，与大型光伏电站相当。

第三阶段（2016 年至今）是光伏发电产业迅猛发展的阶段。2016 年，国家继续鼓励自发自用分布式、屋顶分布式光伏，同时，由于许多地区的"弃光限电"问题，国家对大型电站的建设进行进一步限制，因此

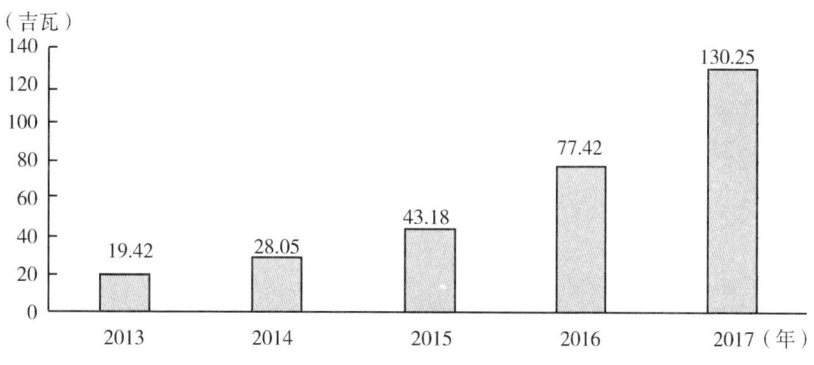

图 1-7 我国光伏累计装机容量（吉瓦）

资料来源：中国产业信息网：《2017 年中国光伏新增装机较上年增加 18.52 吉瓦，今后两年继续保持稳定增长》（http://www.chyxx.com/industry/201809/680168.html）。

分布式光伏发电发展呈现出爆发式增长的态势。数据显示，2016 年我国分布式光伏新增装机量达 4240 兆瓦，同比增长 205%。2017 年我国光伏新增装机达到 53 吉瓦，其中分布式光伏发电新增装机达到 19.4 吉瓦，同比增幅超过了 300%，光伏发电产业实现了全年超高速增长。[①] 2017 年年底至今，《关于开展分布式发电市场化交易试点》《分布式发电项目管理办法》等多项政策出台，旨在加快光伏发电市场化进程，引导和鼓励光伏发电产业长期稳健发展。

根据国家统计局的数据（见图 1-8、图 1-9），2017 年，我国分布式光伏新增装机容量为 19.44 吉瓦，同比增加 15.21 吉瓦，增幅高达 3.7 倍，占总新增装机容量的比重为 36.64%，较 2016 年提升 24.39 个百分点，创历史新高。此外，2017 年分布式新增装机容量不仅是 2016 年的 4.7 倍、2015 年的 14 倍、2014 年的 9.5 倍和 2013 年的 24.3 倍，还远超截至 2016 年年底的累计装机容量（10.32 吉瓦）。因此，可以说 2017 年是我国分布式光伏发电发展的元年。相较而言，2017 年我国光伏电站新增装机容量为 33.62 吉瓦，同比增加 3.31 吉瓦，增幅仅有 11%，而此前 2016 年的增幅却高达 121%，2015 年增幅也超过了 60%。可见，受补贴

---

① 《中国可再生能源发展报告 2017》，www.guangfu.bjx.com.cn/news/20181019/935425.shtml。

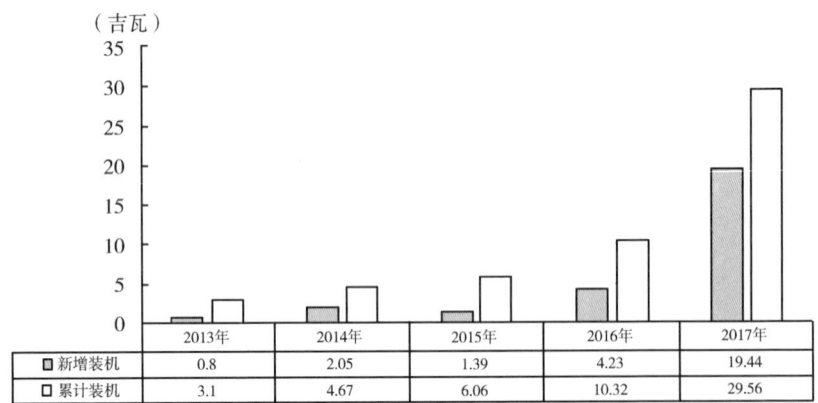

图 1-8 我国分布式光伏装机容量

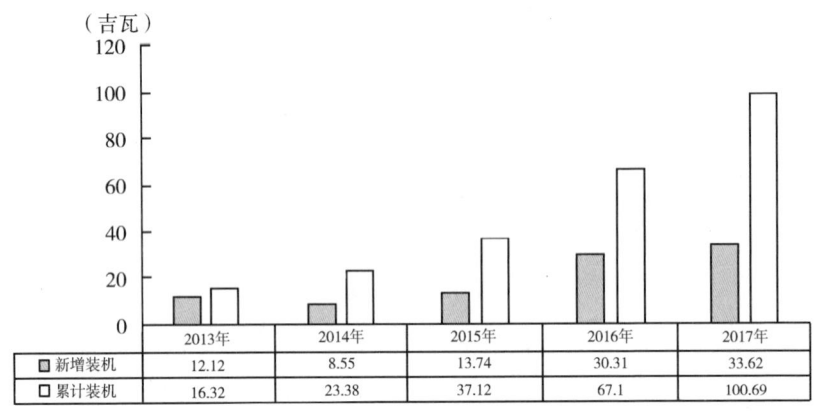

图 1-9 我国集中式光伏装机容量

拖欠、土地资源和指标规模有限、分布式光伏发电的爆发式增长等多重因素制约,光伏电站增长开始逐渐呈现放缓迹象。根据国家能源局的统计数据,2018 年上半年,我国同期光伏新增装机容量相比 2017 年下降了近一半,光伏发电产业呈现断崖式下滑的发展态势。尽管如此,光伏作为重要清洁能源之一,在国家能源结构转型中仍扮演重要角色,因此,我们认为光伏发电产业未来发展空间依然非常广阔。

第三节 风险显现：光伏发电产业政策演进及其失配分析

由于光伏发电产业的良好发展能有效促进节能减排、带动区域发展以及助力精准扶贫，我国对光伏发电产业的发展越来越重视。其中，又因分布式光伏发电能有效促进所发电力就近消纳、减少损耗，且可因地制宜等优势，我国更是不断出台政策，以推动分布式光伏发电产业的发展。

《节约能源法》《可再生能源法》的先后颁布与修正，为我国作为可再生能源的太阳能的长期持续发展奠定了法律基调，指引了发展方向。而后，国务院办公厅印发《国家能源发展战略行动计划（2014—2020年）》，将"十二五"规划与"十三五"规划中的能源目标高度凝练，提出到2020年，基本形成比较完善的能源安全保障体系与非化石能源占一次能源消费比重达15%等的战略目标。根据2014年11月的《中美气候变化联合声明》，中国计划2030年左右二氧化碳排放量达到峰值且将努力早日达峰，并计划到2030年非化石能源占一次能源消费比重提高到20%左右。

基于此，本专题在分析国家政策与企业项目发展情况的前提下，通过调研我国部分具有代表性的光伏发电企业，对光伏发电政策变动可能给产业带来的风险进行系统梳理与深入研究。

一 政策演变历程

（一）光伏发电产业政策的演变回溯

2007年，国家发展和改革委员会发布《关于开展大型并网光伏示范电站建设有关要求的通知》，我国光伏发电产业的政策自此陆续出台。2011年，面对欧美挑起的"双反"挑战，我国光伏发电产业整体陷入瓶颈。因此，对光伏发电产业政策的演变分析可以2012年为时间节点来进行区分。2007—2012年，我国光伏发电产业受政策波动明显。

2013年7月，国务院《关于促进光伏发电产业健康发展的若干意见》出台，这可以说是一个纲领性文件，代表着光伏发电产业的发展受到了相当的重视。2013年8月，国家发展和改革委员会发布了《关于发挥价格杠杆作用促进光伏发电产业健康发展的通知》，结束了中国"建设期补贴"的历史，使光伏发电产业迈进了"度电补贴"的时代。此后，财政部、国家能源局和税务总局等部委陆续发布相关通知，这些政策性文件都在极大程度上规范了我国光伏发电产业的市场秩序。受国家政策的刺激，2014—2017年，我国光伏装机持续性增长。随着我国光伏发电建设规模的不断扩大，技术进步与成本下降的速度也明显加快。为促进光伏发电产业健康可持续发展，从追求速度向追求质量转型，2018年5月，国家发展和改革委员会、财政部、国家能源局等部委联合发布《关于2018年光伏发电有关事项的通知》。新政出台后，中国2018年新增装机量为30吉瓦左右，下调幅度达20吉瓦。

（二）分布式光伏发电政策演变

我国分布式光伏发电的发展与可再生能源和光伏发电产业的发展息息相关。2002年的"送电到乡工程"揭开了我国分布式光伏发电的序幕。总结2002—2017年分布式光伏发电的系统与政策，根据其阶段性特征，可将其分为4个演变阶段：

1. 政策探索发展阶段

2009年年初到2012年7月是分布式光伏发电的政策探索发展阶段。受20世纪末世界气候变化形势的影响，我国积极参与应对气候变化，主动承担负责任大国的国家责任。2002—2008年，我国虽然通过多项法律与规划来大力发展可再生能源，但囿于产业技术的限制与人们思想观念落后，这一时期的光电应用规模小，且多以地面集中式光伏电站为主，分布式发电项目仅有零星的尝试。

由于分布式光伏组件可以被分散安装，其发电量也可以被就近消纳，加之在装机渗透率低于30%的情况下不需要对电网进行大幅度的改造，决定了分布式光伏发电的成本较低，因此，世界许多国家都优先发展分布式光伏发电项目。如政策效率较高的德国和日本都制定了"十万屋顶计划"，美国制定了"百万屋顶计划"等，分布式光伏发电逐渐成为全球光伏发电市场的主要潮流。我国分布式光伏发电系统的大规模普及起于"金太阳示范工程"和"光电建筑应用"，这两个项目在我国连续实施了5年。2012年5月，国家能源局《关于申报新能源示范城市和产业园区的通知》发布，通知中首次提到"分布式太阳能光伏发电"的概念，该通知对分布式光伏发电系统发展的倡导，引导着全国各个地方积极探索与发展分布式光伏发电系统。

2. 政策体系形成阶段

2012年7月至2014年9月是分布式光伏发电政策体系形成阶段。自2012年下半年起，国家能源局充分认识到了分布式光伏发电的应用优势及战略价值，便着手调整光伏发展战略，政策开始倾斜于分布式光伏发电的发展。2012年7月至2014年9月，围绕对太阳能多元化利用以促进光伏发电产业可持续健康发展的目标，国家与各省、市政策密集出台。经整理，这期间国务院各机构明确提到"分布式光伏发电"的通知、规划等文件约有21项。

在此阶段，我国明确了分布式光伏发电的国家战略地位，并希望全力提升分布式光伏的规模化应用，以健全电力运行机制，促进光伏发电产业健康发展。然而，光伏发电产业的良性发展需要与我国整体的能源发展规划相协调适应，所以，在这一时期，我国光伏发电产业政策的制定与落实过程中也存在一些协调性方面的问题。例如，由于该阶段专项政策的供给较多，而可再生能源基金的缺口不但未补齐，反而持续扩大，导致补贴难以到位，拖欠严重，直接影响了电网企业执行可再生能源政策的积极性，迟缓了光伏发电产业的预期发展进程。

在上述因素的叠加影响下，截至2014年年底，我国分布式发电系统（包括离网光伏）累计装机达5.0吉瓦，虽在短时间内取得了可喜的成绩，但就总体来看，我国分布式光伏发电系统也仅仅占到光伏发电系统累计装机量的17.62%。可见，在这一时期，我国的光伏发电应用仍然是以集中式光伏电站为主。

3. 政策引导市场多元化阶段

2014年9月至2018年5月30日，是分布式光伏发电政策引导市场多元化发展的阶段。2013年，我国遭遇史上最严重的雾霾，波及全国25个省份，100多个大中型城市，全国平均雾霾天数达29.9天，严重的雾霾促使政府部门空前重视对大气污染的治理。尽快调整能源结构，全面推广节能减排的观念成为前所未有的共识。国家能源局于2014年9月2日发布《关于进一步落实分布式光伏发电有关政策的通知》，进一步提高了分布式光伏发电的地位。该通知着重关注了分布式光伏发电在各个领域中存在的问题，提出破解这些问题的关键是大力推进光伏发电多元化、规模化发展，为能源改革背景下我国分布式光伏发电产业的发展提供了明确的方向引导。

2015年6月1日，国家能源局、工业和信息化部以及国家认证认可监督管理委员会联合发布《关于促进先进光伏技术产品应用和产业升级的意见》，对光伏发电产业整体技术升级缓慢、光伏发电工程质量存在隐患等问题予以了高度重视，并提出实施光伏"领跑者"计划、完善光伏发电运行信息监测体系等意见。随着这些政策意见的有效实施，"领跑者"产品逐渐成为产业标杆，分布式光伏发电系统的企业纷纷进行技术升级，提高产品质量，整个分布式光伏发电市场的状态渐好。2017年10月31日，国家发展和改革委员会、国家能源局联合发布《关于开展分布式发电市场化交易试点的通知》，关注加快推进分布式能源发展的问题，决定组织分布式发电市场化交易试点，这成为我国分布式光伏发电系统领域的一次重大跃进。之后，随着市场需求变化，分布式光伏发电领域关于改善电力环境与引导光电平价上网等的政策文件也陆续出台，使得分布式光伏发电政策逐渐得到完善并形成体系，为新阶段分布式光伏发电系统的发展奠定了良好基调。

4. 政策引导产业利好机遇阶段

2018年5月31日至今可视为政策引导产业利好机遇阶段。2018年5月31日《关于2018年光伏发电有关事项的通知》出台，打破了标杆上网电价及补贴"一年一调"的传统，分布式光伏发电（"自发自用、余电上网"模式）的补贴时隔六月再次下调，使得分布式光伏发电项目市场大幅下滑。在短期内，大批分布式光伏发电项目企业都面临着较大压力。对此，企业需要苦练内功，提高发展质量，才能避免成为能源结构改革时代的"弃子"。

但与此同时，"531新政"提出规范分布式光伏发展、支持光伏扶贫与积极鼓励地方加大分布式发电市场化交易力度，都从侧面说明我国政府对分布式光伏发电项目的重视，分布式光伏发电项目前景依然可观。2018年6月19日，国家能源局发布《关于做好光伏发电相关工作的通知》，对部分电网企业以"531新政"内容为由停止了分布式光伏发电的并网、代备案和补贴垫付等相关工作的问题予以高度重视，督促各地、各电网依法依规做好相关工作，进一步体现了我国对分布式光伏发电项目的支持，这也在一定程度上给了关联企业继续迎接新挑战的信心。

二 政策内容缕析

（一）分析文本来源与筛选

本专题主要以北大法宝法律数据库、威科先行数据库、无讼法规数据库等为信息源，首先以"光伏发电产业""分布式光伏""新能源"等与政策演变内容相关的词进行法律法规的检索，再分别对文件全文进行搜索甄别，筛选出与政策演变相关的合适文本。除此之外，还结合对被调研企业的访谈内容，访问相关政府部门网站，对前述文本进行补充，以求内容真实可靠。

地方政策文件一般是对国家层面政策文件的具体细化与落实，若将其纳入探讨范围，容易打乱政策研究的体系性，因此，第一，文本选择范围仅包括国务院及国务院各部门在内的国家层面的政策文件，不含各省、市等地方政策文件；第二，选择文本时剔除了可再生能源与新能源等泛指性的文本，紧扣与"光伏发电产业"和"分布式光伏发电"相关的政策文本；第三，文本的类型主要是法律法规、发展规划、通知等能直接体现政府部门的政策意见的文本；第四，关于政策演变内容整理的文件发文时间是从第一项光伏发电产业政策出台日即 2007 年 11 月到 2019 年 8 月 29 日。基于以上的筛选条件，筛选出的样本文件共 75 份为研究文本。其中，有代表性的政策文本有：《关于印发"十二五"国家战略性新兴产业发展规划的通知》《关于申报分布式光伏发电规模化应用示范区的通知》《关于促进光伏发电产业健康发展的若干意见》《关于分布式光伏发电实行按照电量补贴政策等有关问题的通知》等，其中，《关于促进光伏发电产业健康发展的若干意见》的政策要点包括：大力开拓分布式光伏发电市场；鼓励各类电力用户按照"自发自用，余量上网，电网调节"的方式建设分布式光伏发电系统；开展适合分布式光伏发电运行特点和规模化应用的新能源智能微电网试点、示范项目建设，探索相应的电力管理体制和运行机制，形成适应分布式光伏发电发展的建设、运行和消费新体系；完善分布式光伏发电项目建设管理制度。接入用户侧的分布式光伏发电由电网企业投资建设；简化分布式光伏发电的电网接入方式和管理程序，公布分布式光伏发电并网服务流程，建立简捷高效的并网服务体系；对分布式光伏发电项目免收系统备用容量费和相关服务费用；对分布式光伏发电项目实行备案管理，豁免分布式光伏发电应用发电业务许可；对不需要国家资金补贴的分布式光伏发电项目，如具备接入电网运行条件，可放开规模建设；分布式光伏发电全部电量纳入全社会发电量和用电量统计，并作为地方政府和电网企业业绩考核指标。自发自用发电量不计入阶梯电价适用范围，计入地方政府和用户节能量；对分布式光伏发电实行按照电量补贴的政策；根据光伏发电成本变化等因素，合理调减分布式光伏发电补贴标准；对分布式光伏发电，建立由电网企业按月转付补贴资金的制度；对分布式光伏发电自发自用电量免收可再生能源电价附加等针对电量征收的政府性基金等。《关于分布式光伏发电实行按照电量补贴政策等有关问题的通知》的政策要点包括：对分布式光伏发电实行按照全电量补贴的政策，电价补贴标准为每千瓦时0.42元（含税，下同），通过可再生能源发展基金予以支付，由电网企业转付；其中，分布式光伏发电系统自用有余上网的电量，由电网企业按照当地燃煤机组标杆上网电价收购；对分布式光伏发电系统自用电量免收随电价征收的各类基金和附加，以及系统备用容量费和其他相关并网服务费；电价补贴标准适用于除享受中央财政投资补贴之外的分布式光伏发电项目；国家根据光伏发电发展规模、发电成本变化情况等因素，逐步调减分布式光伏发电电价补贴标准，以促进科技进步，降低成本，提高光伏发电市场竞争力；鼓励通过招标等竞争方式确定分布式光伏发电电价补贴标准，但通过竞争方式形成的电价补贴标准，不得高于国家规定的电价补贴标准。

从我国分布式光伏政策发布的时间跨度来看，我国的分布式光伏发电的发展年限较短。从政策发布部门来看，75份政策文件中涉及发布部门约12个（见表1-2）。其中，国务院、国家能源局、财务部、国家发展和改革委员会等发布的政策文本较多，充分说明了分布式光伏发电系统在我国的前景可观，政策支持力度较大并将在未来持续支持。

表1-2　　　　我国分布式光伏发电政策的主要发布部门

序号	1	2	3	4	5	6
发布部门	国家能源局	国家发展和改革委员会	财政部	国务院	国务院扶贫办	工业和信息化部
总件数	60	19	10	7	5	4
序号	7	8	9	10	11	12
发布部门	国家认证认可监督管理委员会	科学技术部	国家税务总局	国家安全监管总局	住房和城乡建设部	环境保护部
总件数	3	1	1	1	1	1

（二）分布式光伏发电产业政策分析模型

一般政策有多个分类指标，为了更好地对分布式光伏发电项目政策进行分析，本节拟从政策工具与产业链两个维度对分布式光伏发电政策进行解读。政策工具一般泛指达成政策目标的手段。公共政策就是由政府对各种政策工具的设计、组织及运用而形成的。产业链则是指一种或几种资源通过若干产业层次不断向下游产业转移直至到达消费者的路径，它一般是对产业关联程度的表达，产业关联性越强，链条越紧密，资源的配置效率也越高。

1. 横轴：政策工具维度

参照 Rothwell 等[①]的观点，为更便利地分析分布式光伏政策，本节将光伏发电产业政策工具分为供给型、环境型和需求型政策3种（如图1-10）。

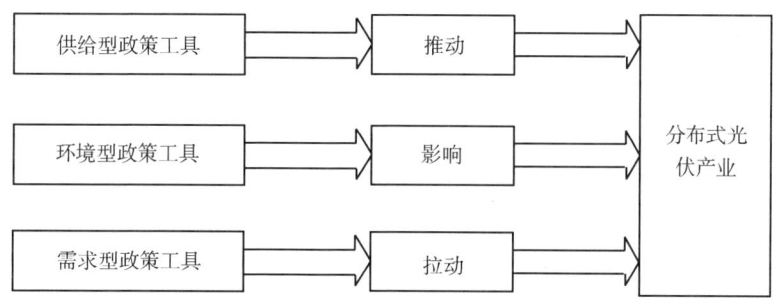

图 1-10　光伏发电产业政策分类

第一，供给型政策工具。供给型政策工具侧重于供给端，即我国政府部门通过发布发展规划、产业组织政策、金融财税政策以及技术政策等文本，向分布式光伏发电项目相关主体供给基础设施、资金、人才与信息等相关要素，以期推动分布式光伏发电产业的发展。

第二，环境型政策工具。这一政策工具强调了政府部门的政策引起产业大环境的变化，从而为分布式光伏发电产业带来机遇与挑战。这些环境政策工具包括国家宏观的发展规划、法规管制、目标规划、金融财政措施、税收措施等，企业一般需要根据这一环境因素对分布式光伏发电产业的影响提前做好预判。

---

① Rothwell 等将政策工具分为供给型、环境型和需求型政策三大类，其分别发挥不同的作用。

第三，需求型政策工具。这方面政策工具是政府为保证分布式光伏发电产业市场稳定，减少其不确定性，促进分布式光伏发电产业市场健康可持续发展的重要手段。具言之，需求型政策工具可细分为贸易管制政策、海外机构管理办法、政府采购、服务外包等。

2. 纵轴：产业链角度

若想更具体地认识分布式光伏发电产业政策风险对企业带来的影响，需要考察光伏发电产业整个产业链自身的特点。依据光伏发电产业制造与消费环节的流程变化，分布式光伏发电产业链可以分为上游、中游、下游三个环节，即本节分析的纵向维度。在分布式光伏发电产业链中，上游链条一般是指晶体硅原料及其加工，而与其紧密联系的光伏电池及其组件封装、光伏发电系统集成和安装则构成产业链的中游环节，电力上网与电力消费环节则构成产业链的下游环节。借助数学领域的坐标轴，将横轴与纵轴相结合，可以构建分布式光伏发电产业政策分析坐标（如图1-11）。

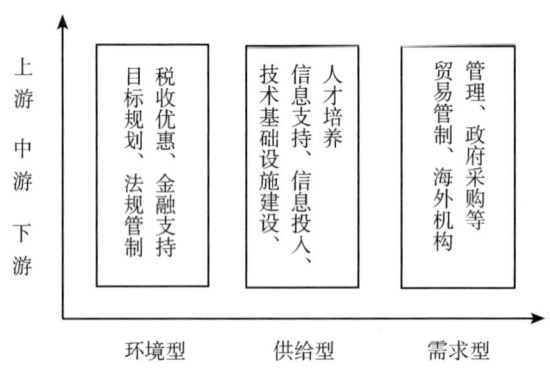

图1-11 光伏发电产业政策横纵轴分析框架

（三）分布式光伏发电产业政策内容分析

1. 风险理论分析

对于风险理论的重视，在国际上最初仅限于大型工程领域。但近些年来，国内外的风险研究被更多人所认识并着手研究，其所涉及的领域也从最初的大型工程扩展到了石油、煤炭、水利、化工、制造等传统产业和一些新能源产业。在光伏发电领域，尽管政策的出发点是好的，但由于光伏发电项目具有投资大、回收周期长等特点，产业政策风险就不得不被考虑。

作为政策的实施主体，企业应对政策风险进行充分识别与防范消解。政策风险的识别是指企业对其所面临的以及潜在的风险加以判断、归类并对风险性质予以鉴别的过程。在一般风险识别方法中，常用的主要有两种。[1] 第一种方法是"过程图法"，即在一项政策出台前后，对工艺流程和加工流程的每一阶段、每一环节逐一进行调查分析，从中发现潜在风险，寻出致使风险出现的导火索，预估风险规避不当可能造成的损失，以及其对整个产业链可能造成的不利影响。第二种方法是"环境分析法"，这一分析方法侧重从企业发展的内外环境进行分析，具体是指在一项政策发布前后，相关人员对企业进行体系性的分析，预判企业在这项政策出台后可能面临的内部环境与外部环境，并分析出这些环境可能给企业带来的风险与损失。本节将适当综合借助这两种方法，对分布式光伏发电产业面临的政策风险进行分析。

2. 横轴风险剖析

从梳理的文本来看，我国分布式光伏发电产业政策包含了对供给型、环境型、需求型三种政策工具的运用。这表明了国家对分布式光伏发电的激励与重视。统计表明，我国的政府发布的光伏发电产业政策多偏向于环境型与供给型政策，很少发布需求型政策。而在所有政策类别中，环境型政策最多，占比54.3%；其次是供给型政策，占比31.4%；最少的是需求型，占比14.3%。分析每种政策类型，其现状对光伏产业带来的风险如下：

第一，我国政府部门在光伏发电产业中环境型政策应用过多，法规管制类的政策尤为突出，但关于金融支持与税收优惠方面的政策运用不足。通览以上统计的四个阶段的政策文本可以发现，光伏发电产业领域的政策中环境型政策最多，其中法规管制型的政策尤甚，法规管制型政策运用泛滥。一方面，由于政策制定者对光伏产业的市场预测缺乏前瞻性，导致一定期限内的现实情况无法达到预期的目标要求，需要后续政策不断弥补；另一方面，政策在发布后，由于监管不足等原因使政策执行不到位，从而在后来的政策中重复提及管制性政策内容。这种情况于政府而言也许仅仅是一个小的错误，可通过更多的后续政策予以弥补，但于整个光伏发电产

---

[1] 赵智、李泽民：《单位消防安全主体责任的立法探讨》，《消防科学与技术》2012年第12期。

业而言,不论是缺乏前瞻性的短期政策,又或是不具实施可行性的抽象政策都会加重光伏发电产业的市场失灵。光伏发电产业无法提前正确预判产业的上网收购电价与投资补贴的风险等,导致风险防控失能,使得产业远期发展的前景不明。相较而言,对光伏发电产业的经济政策支持或类似的经济制度引导则更受产业欢迎,但实际上金融支持与税收优惠支持政策的运用较少,且缺乏其他的政策予以配套,致使光伏企业陷入融资困难、现金流紧缺等困境,从而加大了光伏产业发展的成本。总体来看,由于项目融资跨度较长,归还贷款的资金主要来自项目建成投入使用后的现金流,加上没有政府金融政策支持,整个光伏发电产业的财务风险均处于高位区间。

第二,在光伏发电产业的供给型政策输出方面,我国的技术人才培养政策不足。在所有的供给型政策中,资金投入与基础性设施建设的政策输出较多,但人才培养支持政策极少,导致高新技术人才的输入匮乏。长期以来,我国重视建设光伏产业基础设施,曾推出了"太阳能屋顶计划""金太阳工程"与"光伏领跑者计划"等专项项目以加强光伏发电产业建设,与此同时,国家还给予了财政上的重点支持。但作为一个新兴的技术密集型产业,光伏发电产业的发展不仅需要有良好的基础设施,还需要在技术上取得不断的突破,以技术革新推动产业发展,以技术进步提升光伏发电效率、增加太阳能电池组件等的服役寿命,如此才能降低生产成本,适应并有效应对市场变化带来的高风险。然而,在光伏产业发展的人才培养政策供给上,我国的相关政策并没有给予足够的关注,光伏产业发展的高技术人才支撑政策一直较为欠缺,迟滞了我国光伏发电产业的技术进步。

第三,我国光伏发电产业的需求型政策供给不足。在我国政府的需求型政策中,海外机构管理政策缺失。在所有政策工具中,需求型政策仅占比30%,这其中政府采购与贸易管制等政策工具各占约一半,而海外机构管理政策却付之阙如。"一带一路"倡议的实施为我国光伏发电产业的外向型发展提供了重大的战略机遇,对国内光伏发电产业的发展而言,光伏发电产业的"走出去"也极为重要,不但有利于形成规模强大、品种齐全的产业群,还能在国际能源市场的竞争中掌握主动权,居于优势地位。但是,从目前的情况来看,我国光伏发电产业领域的海外机构管理的政策供给基本处于空白,这种情况严重影响了我国光伏发电产业的对外发展,也不利于我国光伏发电产业抗风险能力的提升。

3. 纵轴风险剖析

我国的分布式光伏发电政策覆盖了光伏产业链的上游、中游与下游3个阶段。如表1-3所示，分布式光伏发电政策工具涉及上游和中游两个阶段的内容最多，分别占比6.7%和49.3%，涉及下游环节的政策工具较少，占比44%。

表1-3　　　　　　分布式光伏政策横纵轴政策内容分析

横轴	环境型政策	供给型政策	需求型政策
文本数量（占比）	42（56%）	23（30.7%）	10（13.3%）
纵轴	上游	中游	下游
文本数量（占比）	5（6.7%）	37（49.3%）	33（44%）

为促进光伏发电产业的快速健康发展，国家从2009年开始陆续出台了一系列政策引导光伏发电产业发展。在光伏发电产业的上游与中游领域，我国政府的发展目标规划与技术基础建设政策供给较多，也有一定的资金投入，但对研发人员的政策鼓励未能协同供应，使得光伏发电领域的创新能力不足，光伏发电成本仍然居高不下，阻碍着光伏发电产业的发展。

在产业链的电网与电力用户这一产业下游领域，虽然国家先后出台了许多促进产业消费的政策，但从这些政策的内容来看，法规管制与资金投入的政策占比较重，公共服务政策的供应则明显不足。另外，尽管国家政策对电网与电力用户各自的补贴与财政支持政策较多，但对二者之间信息交流以及光伏发电企业之间信息交流等的支持政策供应比重较小，这些情况均使得我国光伏发电产业的整体发展面临较大的投资风险。

三　光伏发电企业发展需求与政策变动的失配

（一）分布式光伏发电企业的发展需求

第一，光伏发电企业对储能技术以及微电网等技术有强烈需求。目前，我国的分布式光伏发电受光照等气候因素影响明显，其电力的生产具有间歇性特点，亟须先进的储能技术和储能设备用以消解此弊端，否则，会极大地影响分布式光伏发电的可持续发展与大规模的市场推广。作为调节电力生产波动的重要工具，储能设备能够协助大电网移动峰值、填补低谷期。良好的储能设备可帮助用户将分布式光伏白天所发的电量储备到晚上使用，增加用户的自用比例，这一方面可以降低对电网的压力，另一方面也能真正实现电力就近消纳。由此可见，储能设备的研发与推广应用，已成为我国分布式光伏发电的战略性技术需求。另外，为解决传统的电力系统与分布式光伏发电之间的输配电矛盾，微电网与虚拟电厂技术的研发与应用也将成为分布式光伏发电企业的迫切需求。

第二，光伏发电企业具有市场推广等管理方面的需求。从管理角度来看，我国将来的分布式光伏发电应该注重市场推广。若要推广市场化运营，政府需要及时为建设方和服务方建立起良好的商业环境。"融资难"一直是阻碍我国光伏发电市场发展壮大的重要问题。由于我国的分布式光伏发电项目不如集中式电站项目规模大，且收益不稳定，导致银行等金融机构因担忧光伏发电企业的财务风险，不推或极少推出光伏信贷产品。就这一问题而言，我国的分布式光伏发电产业迫切需要政府加快管理建设可再生能源的电力交易市场。

分布式光伏发电企业的发展不仅仅只有以上两项需求，随着产业的发展，其需求会越来越多，越来越具体。但政府在制定政策过程中，考虑的因素往往较多，对光伏发电企业的实际需求不一定完全真正了解，出现国家政策供给与企业发展需求不适配，致使分布式光伏发电企业发展面临一系列问题。

（二）分布式光伏发电企业对政策变动的不适应

通过走访与实地调研发现，国内光伏发电企业在不断拥抱政策利好的同时，也经常在政策风险面前手足无措，这在一定程度上限制了光伏发电企业的创新与战略制定。

1. 政策变动对光伏发电企业的影响——以"531新政"为例

2018年5月31日，国家发展和改革委员会、财政部、国家能源局联合印发《关于2018年光伏发电有关事项的通知》（以下简称"531新政"）。"531新政"提出减少装机量和补贴，这一政策导致了光伏发电产业链上的各类企业受到不同程度的传导性影响。对光伏发电产业而言，"531新政"是一次巨大的挑战，必将倒逼光伏发电企业苦练内功。短期内，许多企业都面临较大压力，尤其对处于技术弱势的企业而言，普遍陷入限产、停产的困境。据光伏发电产业业内人士预测，2018年，有补贴的光伏新增并网装机规模约在30吉瓦，相较2017年的53吉瓦直接"对半砍"。

"531 新政"带来的巨大负面影响,还可从股票市场上窥见一斑。"531 新政"前后,大量光伏企业(以晶科能源为例)的股价以及主营收入等都有明显波动(如图 1-12)。6 月 14 日,"531 新政"出台后的第一个交易日,光伏发电上市企业就大面积飘绿,截至收盘,A 股的光伏板块整体市值蒸发 147 亿元,港股市场也未能幸免,光伏发电概念股的最大跌幅超过 20%。6 月 5 日,WIND 光伏太阳能指数继续下跌 0.64%,阳光电源、隆基股份、阿特斯太阳能等光伏发电企业的股票均连续跌停。据不完全统计,"531 新政"直接和间接导致光伏发电企业市值蒸发总计超过 300 亿元。

由于未能准确预判国家光伏补贴及装机量方面的政策走向,许多光伏发电企业盲目扩建项目,导致"531 新政"出台后,分布式光伏项目在资金层面面临巨大困难,尤其是已经投资完毕但尚未并网的项目。"531 新政"之前,国家提出要对分布式光伏发电进行规模控制,即在 2018 年安排 10 吉瓦左右的规模。2018 年 5 月 31 日(含)前并网的分布式光伏发电项目需要纳入规模管理,未纳入国家规模管理范围的项目,由地方依法予以支持。这意味着,在 2018 年 5 月 31 日前已经投资建设但尚未并网的项目,只能获得地方补贴的支持,这些未并网的项目补贴没有固定的保障,项目投资亏损的可能性非常大,企业面临巨大违约赔偿的风险。据广东省太阳能协会发布的报告,当地已经签订合同具备开工条件或者已经开工但并未并网的工商业分布式项目共约有 273 个,装机量达 637.74 兆瓦。户用领域内,省内已经签约、安装但未并网的户用分布式项目达 3021 个,装机容量 44.37 兆瓦。根据广东省分布式装机在全国的占比推测,全国约有超过 10 吉瓦的工商业分布式项目和 6 万—8 万户居民分布式光伏发电项目处于"已经安装、未并网"的中间阶段,"531 新政"后,这些项目都得不到国家的补贴保障,而仅能依靠地方财政的补贴维持。从全国范围来看,许多未能提前预测政策变动和补贴变化的光伏发电企业均遭受了巨大的经济损失,部分甚至直接陷入破产的巨大风险中。

2. 整个光伏发电产业在政策变动中面临的问题

第一,产业链条人为切割,严重依赖国际市场。从产业链的角度来看,我国光伏发电产业结构存在"中间大,两头小"的问题。在整个产业链中,光伏组件这一环节的技术含量相对较低,竞争更为激烈,且盈利

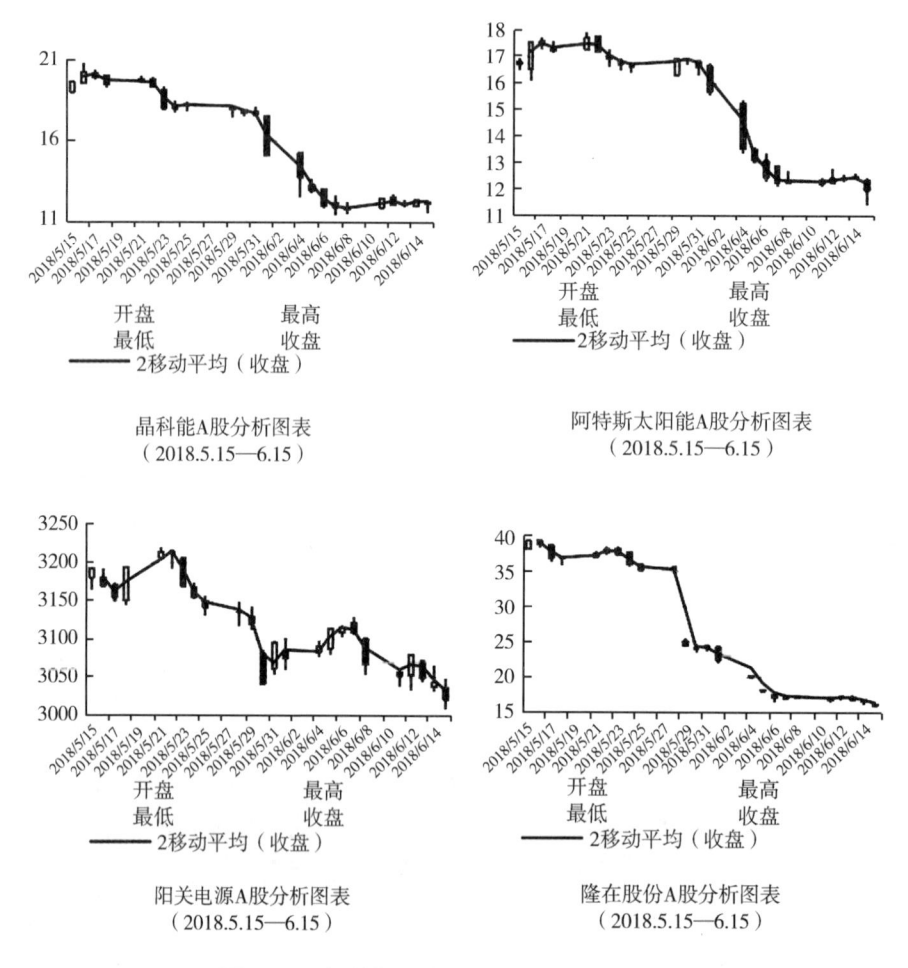

图 1-12 相关股票分析（2018.5.15—6.15）

资料来源：同花顺数据中心。

能力较低，处于这一环节的小企业相对较多。但是，光伏发电产业发展整体上还是处于"两头在外"的情况。我国大部分多晶硅材料需要进口，最后产品主要依靠外销，这种原料靠进口、成品靠出口的生产格局导致光伏发电企业过度依赖国际市场。一方面，原材料抬高了中国光伏发电企业的生产成本，削弱了中国光伏产品在国际市场的竞争优势。另一方面，大量产品外销，国际市场的变化以及汇率的变化特别是人民币升值等，导致国内光伏发电企业因缺乏主动应对危机的能力而受到国际市场的巨大冲击。在太阳能电池及光伏组件的供需方面，我国光伏安装量较小，绝大部分的光伏组件需要通过出口国外来减少产能，从而严重依赖国际市场。而中下游产品生产投资少、建设周期短、技术和资金门槛低、最接近市场，吸引了大批企业的进入，导致中下游光伏发电企业竞争非常激烈。缺乏核心技术和产业链条的人为切割，导致了光伏发电产业一体化程度低、竞争激烈，严重阻碍了光伏发电产业的健康发展。

第二，技术迭代更新的成本太大，动力不强。目前，国内光伏发电产业正经历产能相对过剩阶段，产品同质化严重，技术应用创新严重不足。尽管随着技术水平的提升，我国实现了一些技术壁垒的突破，但纵观光伏发电产业，对企业特别是中小企业而言，技术迭代更新是一种刮骨疗毒的痛苦，巨大的研发成本让许多企业望而却步。国外有些学者也认为，尽管中国主导的"推动"政策促进了技术进步，削减了成本，但是，中国太阳能光伏制造商仍然主要依靠出口来促进市场增长。如果欧美对太阳能的补贴减少，中国太阳能光伏制造商将面临太阳能光伏发电市场萎缩的风险，最终导致其库存中的太阳能光伏板过剩。除国家层面的鼓励性补贴政策不断变化之外，产业结构的调整、产品技术的提升、质量的控制以及促进产业转型升级等是所有企业共同面临的挑战。如同"双反"调查后，许多光伏发电企业采取出售资产这种治标不治本的方式，只能暂时度过国外技术封锁的风暴。只有企业真正静下心来，建立自己特有的技术和服务体系，健全质量管理体系，进行精细化成本控制和管理，提升自身实力，练好内功，才能让光伏发电企业在市场竞争中步步为营，占得先机。

第三，光伏发电产业的融资较为困难。首先，商业和政策银行贷款是中国光伏发电企业早期发展的重要融资手段。受过去短期高额利润影响，光伏发电企业一度成为银行贷款的"宠儿"，特别是在各地方政府多种形式的担保下，银行等金融机构对光伏发电企业的融资需求往往广开绿灯，光伏发电产业的银行融资便捷且通畅，但也从客观上"预支"了银行融资额度，挤占了后续的银行融资空间。其次，受光伏产品生产企业（主要为民营企业）的影响，债券融资成为中国光伏发电企业融资的短板。最后，光伏发电产业的民间融资数额巨大。由于民营企业通过正规融资渠道进行规模融资的可能性有限，非正规民间融资则成为光伏发电企业重要的融资手段。总体来看，在产业发展的前期，受产业繁荣和政府政策导向的影响，光伏发电产业的融资条件和结果要优于其他产业，这在一定程度上推动了中国光伏发电产业的高速发展。但是，当市场供求发生逆转，企业效益出现根本性变化的时候,存量的巨额融资成本和日益恶化的资产负债结构,又转变为影响光伏发电企业稳健发展的"硬伤"。由此产生的负面影响结果表现为:其一,股权融资基本停止;其二,银行融资严重受限;其三,债券融资极度困难;其四,实际融资渠道单一、成本较高。

第四,自身造血能力不足,政策依赖性高。具体表现在以下几个方面:

其一,光伏用地政策有待完善。当前,光伏电站用地政策不合理、税赋不规范,在一定程度上增加了企业的生产负担。一方面,土地政策不合理,严重限制了光伏发电的市场发展。2015 年 9 月,原国土资源部、国家发展和改革委员会等六部委发布了《关于支持新产业新业态发展促进大众创业万众创新用地政策的意见》,提出"占用农用地的,所有用地部分均应按建设用地管理"。这一规定在一定程度上忽视了光伏,尤其是分布式光伏项目用地多为农业用地或建设用地的事实。在太阳能资源较为丰富的我国中东部地区,分布式光伏电站基本以"农光互补""渔光互补"等形式存在,根据这一意见,如果对光伏电站用地全部按建设用地进行管理,则必然会增加光伏电站建设的投资成本。其次,受制于地方建设用地指标的稀缺性,光伏电站建设项目用地紧张问题难以得到缓解,制约着地方发展光伏发电产业的积极性。另一方面,调研发现,在地方层面普遍存在土地税赋征收不规范、操作不透明不公开、企业税赋过重等问题。甚至出现部分地方政府对已建成投产的光伏电站项目提出要征收耕地占用税及土地使用税的现象,其征收方式、税额标准等也缺失规范,这些都增加了光伏电站投资企业的投资成本,造成企业投资收益大幅下滑甚至出现亏损的情况,影响了电站投资及整个产业发展的积极性。

其二,电网通道建设滞后。电网通道滞后、限电形势严峻,影响着光伏电站建设。目前,可再生能源发展规划与电网建设规划的衔接方面还存在不协调的问题。由于区域电网结构限制,加之电力外送通道建设滞后,光伏电站集中开发地区面临的限电形势越来越严峻,在相当程度上导致了太阳能资源富集地区的资源优势难以得到充分的发挥,区域性光伏发电产业发展的动力也无法得到有效释放。

此外,《可再生能源法》规定的保障性收购得不到确切落实,可再生能源电力系统被限制的现象十分严重。调研发现,很多地方尚未建立完善的保障可再生能源优先调度的电力运行机制,部分地区仍然采取平均分配的发电量年度计划安排电力调度运行。如果光伏电站建设与配套电网规划脱节的问题得不到改善，可再生能源发电的全额保障性收购制度将难以落地，项目层面的规划也会难以落实，可再生能源发展规划的宏伟目标可能失守。

其三，补贴拖欠严重。与工商式光伏发电相比，我国的分布式光伏发电起步较晚，当前，分布式光伏发电产业的发展在很大程度上还依赖于政府补贴。调研发现，一方面，由于光伏装机规模增长过快，可再生能源补贴无法应收尽收；另一方面，补贴发放程序过于复杂，导致光伏发电补贴拖欠问题严重，而且发放周期较长，时长中位数基本在 2 年以上。上述两方面的原因共同加重了光伏发电企业的生产负担，增加了对政策性补贴有较强依赖性的光伏发电企业的政策性风险。

第四节　风险消解：光伏发电政策风险的有效因应

当前，我国能源发展既面临夯实发展基础、调整优化结构、加快转型升级的战略机遇，也面临诸多矛盾交织、风险隐患增多的严峻挑战。而光伏发电作为能源体制改革的重要战略性能源，在国家宏观政策背景下既面临着机遇，也面临着严峻的政策风险。光伏发电企业作为光伏发电产业政策风险的直接受动者，应当积极采取措施有效消解政策风险，以促进光伏发电产业持续、健康和稳定发展。

一　抓住"一带一路"机遇，布局国内和国外两个市场

一方面，全球能源转型的基本趋势是实现不可再生的化石能源向可再生的清洁能源转变，实现能源的多元化、清洁化、低碳化发展。目前，许多国家都将可再生能源作为新一代能源技术的制高点和经济发展的重要新领域。如欧洲计划在 2050 年实现 100% 纯可再生能源电力系统，美国努力实现 80% 可再生能源电力系统。由此可见，高比例的可再生能源发电结构成为未来的主要发展趋势。

我国正积极实施"一带一路"倡议，深化能源国际产能和装备制造合作，推进能源基础设施互联互通，提高能源贸易质量，推动以清洁和绿

色方式满足全球电力需求。2018 年 10 月 18 日，国家能源局与中国信保签署了《关于协同推进"一带一路"能源合作的框架协议》。根据该协议，国家能源局与中国信保将进一步加强在能源领域的合作，提升企业融资便利化程度，共同推动"一带一路"能源国际合作迈上新台阶。

另一方面，具有"就地取材、就近消纳、污染排放低"等优点的分布式光伏，代表了能源发展的新方向和新形态，符合我国推动能源转型、实现可持续发展的目标要求。面对光伏发电产业的爆发式增长和政策波动，国内的光伏发电市场正趋于饱和。分布式光伏发电企业应当紧密结合我国"一带一路"沿线国家发展规划的建设要求，运用良好的政策平台，合理布局国内外市场，以分散政策风险。为此，应从以下两方面采取措施：

其一，企业应当积极参与国际光伏技术交流，充分利用国际、国内市场和资源，掌握光伏发电产业发展趋势。在这一过程中，我国光伏发电企业应当吸引全球技术、资金、开发经验等优势资源，提高技术交流、融资互动、风险预警、品牌建设、经验分享等全方位信息交流程度。

其二，现今，世界能源消费中心加速东移，发达国家能源消费基本趋于稳定，发展中国家能源消费继续保持较快增长，亚太地区成为推动世界能源消费增长的主要力量。光伏发电企业应充分结合"一带一路"政策红利，进行产品制造、出口光伏组件和电池产品。另外，我国分布式光伏发电企业也需要积极参与境外重大电力项目，因地制宜参与境外光伏能源项目投资与建设，有序开展光伏发电项目投资、建设和运营，分散我国需求型光伏发电产业政策风险。光伏企业应当积极响应国家倡议，从产品制造和电站投资两个方面入手，布局"一带一路"海外市场。通过发挥当地资源优势，使高效产品与先进技术在海外当地生根发芽，这不仅可以扩大"一带一路"倡议在途经国家的影响力与感召力，也成为光伏企业消解国内政策风险的重要举措。

二 分类管控风险，灵活应对常量与变量

政策风险主要来自其不确定性，不同于其他风险，其所蕴含的不确定性具有可度量性和可预测性。通过对政策进行系统梳理，把握其常量和变量，并进行分类管理，可以将不可度量的变量风险转换为可度量的可控风险。

(一) 把握光伏发电产业政策发展中的常量

1. 国家发展清洁能源的战略不变

当前,全球能源格局正在发生深刻调整,应对气候变化已经进入新阶段,能源体系正加快向低碳化、脱碳化转型。党的十八大以来,我国始终将生态文明建设放在突出的战略位置,积极推进能源生产和消费革命。从前述的政策缕析中可以发现,从长远的战略视角来看,我国确立了"新增能源需求主要依靠清洁能源满足,到2050年能源消费总量基本稳定,非化石能源占比超过一半,建成现代能源体系"的发展目标。从短期的战术视角看,我国预计在2030年左右实现二氧化碳排放量达到峰值以及非化石能源占一次能源消费比例提高到20%的能源发展基本目标。由此可见,发展清洁能源,大幅降低二氧化碳排放强度和污染物排放水平,优化能源生产布局和结构是建设清洁低碳、安全高效的现代能源体系的重要举措,我国将在长期内保持清洁能源发展战略不变。

2. 国家支持分布式光伏发电产业发展的战略不变

党的十九大报告指出,我国经济已经进入了由高速发展向高质量转型的重要阶段,建设绿色循环低碳的清洁能源体系已成为社会发展的必然要求。在新型城镇化发展背景下,"因地制宜、就地取材、就近消纳"的分布式供能系统越来越多地满足新增用能需求。2017年4月25日国家发展和改革委员会颁布《能源生产和消费革命战略(2016—2030)》提出"坚持分布式与集中式并举,以分布式利用为主,推动可再生能源高比例发展"。光伏作为新兴的清洁能源,对推进电力体制改革、优化能源结构、增强用户参与能源供应与平衡调节的灵活性和适应能力具有重要作用,到2050年,光伏和风能将成为我国能源系统的绝对主力。在集中式光伏发电产业市场趋于饱和的发展背景下,积极发展分布式光伏发电产业,优化分布式供能系统,推动分布式光伏发电产业的高质量发展,逐步将发展重心从扩大规模转到提质增效上来成为必然趋势。以技术创新推动光伏发电产业的技术进步和产业升级,以优良的产品质量、建设质量、服务质量,推动光伏发电产业高质量、可持续发展,这也是落实国家创新驱动发展战略的重要一环。

(二) 分类应对分布式光伏发电产业政策中的变量

光伏发电产业政策变化和调整的最终目的是为光伏发电产业发展提供稳定的市场环境和系统规范的引导,但囿于光伏发电产业的爆发式增长与光伏政策制定的局限性，分布式光伏市场信息与政策制定信息并不对称，导致政策风险不断增生和凸显，造成分布式光伏发电企业稳定发展的预期受创。针对快速演进的产业政策，分布式光伏发电企业应当进行分类应对，抓住政策利好局面，并积极采取措施消解政策利空带来的风险。

1. 紧抓利好政策谋发展

政府的功能定位是保障市场有效性的发挥，政府政策的规范引导可以弥补光伏发电产业的市场失灵。为推进光伏发电产业的发展，国家出台了大量的激励政策。如2006年《可再生能源法》规定了可再生能源全额保障性收购制度，每年度确定发电保障小时数，并要求当地电网公司在不触及电网安全的情况下优先采购新能源电力。2014年10月，国家能源局、国务院扶贫开发领导小组办公室联合印发《关于实施光伏扶贫工程工作方案》，提出利用6年时间组织实施光伏扶贫工程。自2015年开始，我国开始实施光伏"领跑者计划"，对"领跑者计划"项目进行奖励，执行不低于各基地本期建设的各项承诺政策与优选要求，不断鼓励能源利用效率最高的光伏产品发展。"保障小时数""光伏扶贫""领跑者计划""光伏市场化交易"等都旨在激励和促进光伏发电产业的持续发展。

2. 精细化应对不利政策

政策中蕴含的风险对光伏发电产业的持续健康发展造成了重要的影响。目前，我国分布式光伏发电产业主要受制于环境型政策波动带来的风险。此外，分布式光伏开发普遍存在的融资难、并网难、补贴退坡、补贴拖延等问题都对光伏发电企业造成了很大的冲击。针对相关的不利政策风险，企业应当进行精细化的区分和管理，为分层消解和区别应对创造条件。具体措施包括：

第一，逐步减少太阳能发电价格补贴需求。实行价格退坡是分布式光伏发展的必然趋势，也是分布式光伏发电企业不可避免的政策风险。此种风险政策之下，企业应当积极采取措施缩短风险的消解时间，以尽可能地减少损失。企业可以积极研发新兴技术，降低光伏发展成本，减少补贴依赖，逐步实现平价上网。例如，受调研企业建设了覆盖全球的3个研发基地、18个实验室、3条中试线、4个研发室、4个工艺技术平台、2个检测中心，拥有研发场地超过1万平方米。通过不断地革新技术，受调研企业在"531新政"后仅出现了短暂的波动，随后很快地恢复了发展动能。

第二，相对于补贴退坡这一必然趋势，融资风险和并网风险是可以避免的。首先，光伏融资要想取得与其他发电行业相当的市场份额，应充分发挥零售融资的灵活性优势。在公用事业规模中，光伏融资的可行性是通过公用事业公司提供长期合同的支持来实现的，并由可再生能源或光伏目标来执行。在住宅和商业等分布式光伏领域，加强电站与电网公司的合作，同时引入新的客户，以降低融资成本。对于并网风险，相比于集中式光伏区域电网结构限制及外送电网通道建设滞后等，分布式光伏具有"就地取材、就近消纳"的独特优势。一方面，企业在进行分布式光伏发电项目选址时，应充分关注已有政策，对地方政策、土地资源状况、当地的社会环境等做出充分的调研，从而根据一定区域范围内的消纳能力进行电站建设布局，以提高消纳比例，缩小向国家电网并网的总量，降低向国家电网并网的需求强度。另一方面，企业应逐步探索分布式光伏微市场的交易，努力发展分布式发电项目与电力用户进行电力直接交易的模式，积极探索实行"隔墙售电"的模式，发力建立健全"离网系统"，以减少对电网企业的依赖，从而降低接入和并网风险。

三 多渠道开展政策"游说"，推动实现政策逆向生成

提高清洁能源比例，逐步从传统的以电力平衡为核心的运行机制向以需求平衡为核心的弹性运行机制转变是我国能源革命的主要趋势，出台相应政策以规制可再生能源的持续健康发展成为必然选择。面对未来政策可能蕴含的风险，分布式光伏发电企业不能再囿于传统的被动消解风险途径，而应当积极采取措施进行事先预防，将风险消解在初始阶段。

（一）充分发挥智库平台作用，预判政策走势

提前预判政策的发展对调整产业投资方式、减少风险损失具有重要作用。例如，目前美国硅谷已经形成了由政府部门、大学教师及学生、科研机构研究人员、企业家、风险投资家以及各类中间机构、非正式设区组织等构成的政策分析人员系统。光伏发电企业可借鉴这一模式，充分发挥各种智库平台的作用，正确预判光伏发电产业政策趋势。

首先，高校、研究院等作为国家学术研究基地，是政府政策制定的智囊团，企业应积极与高校进行学术沟通与交流，关注学术前沿知识，利用好高校、科研院所的创新资源，掌握政策最新动态，预测政策变化。其次，企业管理层对产业政策风险的认知和重视程度影响并决定企业风险的形成和高低。基于此，分布式光伏发电企业应该强化企业经营管理者的法

律意识和合规意识，建设法律顾问团队，聘请专业的法律、经济、管理人才组建企业风险预警与风险管控机构，明确政策风险管理的制度、流程和文本。如此，光伏发电企业才有可能根据市场发展状况预判产业政策，并提前选择政策风险的控制策略，从思想、组织和制度上落实光伏发电产业政策防范机制，最大化地降低企业损失。

（二）先期参与产业发展规划，引导政策方向

党的十八大报告指出要坚持市场在资源配置中的主体地位和决定性作用。光伏发电企业作为新兴战略性能源的主要实践者与推动者，为优化光伏市场资源配置，光伏发电企业应当积极地参与到国家宏观电力发展规划制定过程当中，与国家电力系统发展达成共识，以影响政策发展方向。在未来高比例可再生能源接入的背景下，电网不仅承担电能输送的义务，还应积极履行电能互济、备用共享的职能。发电量的预测规划、输电网络发展计划、配电网络发展计划将成为调整未来光伏发电产业发展的重要规划。对此，部分国家已有先例，例如，《墨西哥全国系统发展规划》，其制定过程与制定内容，都有发电企业、独立系统运营商和其他市场参与者等利益相关方的积极参与。只有通过参与制定整体发展规划，引导未来政策导向，光伏发电企业才能真正化被动为主动，预防并规避政策风险。

（三）积极加强产业协作，加重政策话语分量

在能源市场竞争激烈的发展背景下，多种能源产业之间的利益冲突，难免造成政策制定主体只关注自身行为和自身方法的合理性而忽视整体层面利益的情况。现有的政策分析已表明政府在制定政策时缺乏对市场的前瞻性预测。因此，在制定未来分布式光伏发电产业政策时，光伏发电企业必须由被动规制转变为主动参与，不再以单个的光伏发电企业为中心，而是积极整合光伏发电产业的整体力量，通过信息融合，积极实行政策"游说"，向光伏政策制定主体充分反映市场状况，推进市场经验与政策理性的多项互动，从而实现光伏发电产业信息、市场信息与政策制定三者之间的协调和衔接。

（四）建立商谈交往范式，动态分解政策风险

面对未来光伏发电产业政策蕴含的风险，分布式光伏发电企业不仅要从宏观的规划制定层面予以预防，还要从微观层面努力实现一事一议，逐一消解政策风险。如补贴退坡虽已成为未来光伏发电产业发展的必然趋势，但如何进行可再生能源经济制度改革，逐步取消可再生能源补贴，这

些都是相关企业可以深度参与的事项。此外，市场化交易是光伏发电产业发展的主要趋势，对于分布式光伏市场交易平台如何建设、调度机构如何负责、交易电量、交易模式、过网费的征收等精细化问题，光伏发电企业应当积极与政策制定者进行沟通，及时反映市场信息。再如，电力安全始终是能源发展坚持的基本原则，面对光伏的间接性和冲击性特征带来的电能质量问题，未来如何对光伏发电企业的权利和责任进行分配等都是必须考虑的问题。虽然政府机构的工作人员是所在领域的专家，但其过度依赖职业判断，对实际市场信息并不了解，根据科学专业知识和专家理性做出市场判断和政策制定，反而会造成政策失灵。政策规定与市场实际运行信息不对称，则加剧了产业政策风险。弥补政府政策失灵、减少政府和市场的信息不对称性，必须将政策制定者的专家理性与企业的实践经验予以充分融合，通过商谈途径建立交往范式，从而努力消解政策风险。

四 立足内力提升，多手段强化抗风险能力

（一）整合市场信息，打通光伏发电产业链条

1. 促进光伏发电产业主体间的信息交流

作为光伏发电政策的被规制方与直接感应者，光伏发电企业能对政策变化快速地做出反应，并有效整合光伏发电产业市场信息是预防和消解政策风险的有效手段。一方面，通过举行会议、论坛等方式，光伏发电企业可及时了解光伏发电产业上游的原料供应商、中游组件制造商和下游电站投资商的市场信息，形成纵向的信息产业链，同时与其竞争者、合作者以及其他企业进行横向的信息交流。由此，便构成了"产业—企业—个人"信息价值链条，形成了纵横交错的光伏发电产业信息网。另一方面，面对产业链条人为切割的困境，光伏发电产业应当积极制定光伏发电产业市场准入标准和产品质量标准，全面落实市场准入负面清单制度，对清单以外的产业、领域和业务实行非禁即入、非禁即准，淘汰落后企业。通过光伏发电产业信息交流，根据产业发展与市场变化理性投资，分布式光伏发电企业才能正确预判政策变化，减少投资风险。

2. 促进光伏发电产业与其他能源产业的协同发展

光伏发电企业应抓住国家光伏能源政策变化中的常量，秉持与传统化石能源、风电、水电、生物智能等能源产业协同发展的理念，以应对产业政策的"风险变量"。首先，光伏发电企业应当扩大"光伏+"多元化发

展利用。"领跑者基地建设"应采用先进高新技术，通过农光互补、牧光互补、渔光互补、光伏养殖等模式探索辅助产业一体化综合开发新模式，不断降低发展成本，减少补贴政策依赖，实现平价上网。其次，以"互联网+"技术实现在能源领域的创新性应用，充分利用储能技术，打造多能互补新型式。此外，分布式光伏发展可引入清洁电力、直供电、清洁能源供暖等发展模式。最后，光伏发电企业可以和风电产业协同，促进就地开发和就近消纳，满足用户端分布式稳定供能需求，还可与地热、生物质、海洋能及核电协调，形成能源供应的可靠保障，促进能源安全发展。另外，通过与其他能源产业的协同发展，光伏发电产业便可整合能源市场信息，运用充足的市场信息来度量和预判政策风险，提前做出产业调整计划。

（二）不断革新技术，推动形成光伏发电产业的智能化发展

从宏观层面来看，国家对光伏发电产业的支持方式由重视规模发展转移到了重视质量和效率发展，信息化、智能化、低碳化和共享化将是我国光伏发电产业未来的发展模式。调整存量、做优增量，加快技术进步和企业创新能力也成为应对光伏发电产业政策风险的主要方向。

分布式光伏发电涉及"发电—输电—配电—用电"等各个环节，由于分布式光伏发电受当地气候、地理位置等因素的影响较大，"净负荷"短时波动将非常明显，对于调频、负荷跟踪能力的需求大大提升。需要高效低成本太阳能发电技术、高效低成本长寿命储能技术、高可靠低损耗电力电子技术、高强度绝缘技术和超导输电技术、新一代人工智能技术等予以应对。对此，有关企业首先应当大力发展光伏技术，自行研发或与高校、科研院所、科技公司进行合作研发，提升自身的发展能力，集中攻关一批前景广阔但核心技术受限的关键技术，积极发展智能电网技术，推动微网、微电网的形成与发展。其次，分布式光伏发电企业应当不断在 AI 大数据全程质控系统、无人机全景勘测、智能化仓储运输信息管理平台、信息化的全流程质量管控平台、TSC 智能云服务中心等信息化建设等方面进行技术研发，促进可再生能源消纳，提高电网运行经济性、保证电网安全稳定运行、提高供电电能质量。促进光伏能源生产、输送、使用和储能体系的协调发展，构建集成互补的互联网体系，实施光伏生产和利用设施智能化改造，推进光伏生产和运用管理智能化体系建设，从而实现光伏发电全环节智慧发展。

(三) 主动担当，积极承担社会责任

光伏发电产业作为环境友好型的新型清洁能源，契合国家生态文明建设的发展目标，绿色化将是新一轮光伏发电产业发展的重要特征。在提高自主创新能力，降低企业发展成本的同时，光伏发电企业也应积极承担社会责任，始终坚持将生态设计理念融入光伏发电产业链条。生态设计是指将环境因素纳入产品设计之中，在产品生命周期的每一个环节都考虑其可能产生的环境负荷，通过改进设计使产品的环境影响降到最低程度。光伏发电企业应当在上游晶硅等产品材料收集、中游光伏组件制造和下游光伏电站投资过程中始终坚持绿色发展理念，对光伏的正常及非正常废弃进行提前的布局，形成清洁生产和绿色发展的完整闭环，以增强企业绿色竞争力，扩大市场份额。此外，坚持生态设计理念，不仅可以降低光伏发电企业发展的外部成本和内部成本，也可以提升光伏产品的环境友好度和消费者的利益，使企业获得规模效益。

第五节 光伏发电产业发展的阶段性总结与未来展望

光伏发电既是促进全球能源转型的重要组成部分，也是推动我国能源结构升级的有力武器。良好的政策规定可以为光伏发电产业持续健康发展提供稳定的外部环境，有效弥补市场失灵的缺陷；而多变的政策规定则会蕴含大量的政策风险，导致光伏发电产业发展的不确定性持续上升。自2009年光伏发电在我国发展以来，学界大多数人将研究的视线聚集在政策制定与调整上。当我们注重加强对光伏发电产业的规划和监管时，忽略了分布式光伏发电产业市场与政策的关系，忽略了分布式光伏发电企业的实际发展状况，忽略了实践过程中分布式光伏发电企业对政策的应接不暇与应对无措，最终造成产业政策与光伏发电市场的人为切割。

未来，分布式光伏发电企业应当充分了解光伏政策、积极参与政策制定并根据产业发展动态和企业实际情况合理布局发展战略。另外，在修炼内功方面，分布式光伏发电企业也应该规范企业内部管理，积极提升科学技术水平以降低发展成本，从而有效应对政策风险，在激烈的市场竞争中取得优势地位。

本专题分析了我国光伏发电政策，例示了政策制定时应当尊重市场发展规律，企业也应当积极采取措施来应对政策变化，二者互相结合，以避免政府和市场的"双重失灵"，描述了光伏发电产业和政策规制现状，揭示了分布式光伏发电产业政策蕴含的风险对企业的影响，强调了企业应当采取措施消解政策风险。当然，本专题中对分布式光伏发电产业政策风险消解的讨论是粗浅的，期望学界同仁给予光伏发电政策法律问题更多的关注，也期待更多、更深入的研究成果。

专题二

智能光伏：肇启、愿景与实现[*]

第一节 导 论

一 研究的国内背景与动因

目前，我国光伏（Photovoltaic，PV）已处于全球领先地位，主要产品的产量均连续多年位居全球首位，各环节产量前10名的企业中有半数以上位于中国大陆。回溯我国光伏的发展历程，大致可以分为以下几个阶段：2000年以前是初始阶段，这一阶段光伏发电技术还不够成熟，光伏发电的成本过高。2000—2009年是光伏发电的起步阶段，在"送电下乡""光明工程"等一系列扶持项目的大力推动下，我国光伏发电迅速完成了起步并为下一阶段的快速发展奠定了良好的基础。2012—2013年是我国光伏发电的"金太阳"阶段。在这一阶段国家启动了以"光电建筑应用示范项目""金太阳示范工程"和"大型光伏电站特许权招标"等为代表的一系列项目。在这些项目中，又以"金太阳示范工程"为典型。所以，这一阶段又被称为我国光伏发电的"金太阳"阶段。2012—2013年，受美国和欧洲发起的"双反"[①]的影响，我国的光伏发电遭遇重挫，一度陷

---

* 本专题调研组指导教师王江，组长陈宝山，成员杨睿、王嘉琪，执笔人王江、陈宝山、杨睿、王嘉琪。

① 反倾销和反补贴调查。

入发展困境。为有效消解欧美"双反"对我国光伏发电发展造成的不利影响，我国开始加大了对光伏发电的补贴力度。2013—2016年，我国的光伏发电进入了补贴回暖阶段。2016年，我国制定了《太阳能发电发展"十三五"规划》，从政策层面释放了光伏发电发展的重大利好消息，我国的光伏发电又进入了迅速增长阶段。截至2019年5月，光伏发电产业已经成为我国为数不多可以同步参与国际竞争并有望达到国际领先水平的战略性新兴产业，成为我国产业经济发展的一张崭新名片和推动我国能源变革的重要引擎。

我国光伏发电产业拥有坚实的产业基础，表现为：

第一，制造规模全球领先。我国多晶硅、硅片、电池、组件、逆变器等光伏主要产品产量均连续多年位居全球首位，并持续占据较大市场份额，中国产品在2017年的全球产量占比中：多晶硅占55%、硅片占83%、电池片占68%、组件占71%、光伏应用市场占47%，各环节产量前10名的企业中有半数以上位于中国大陆。

第二，产业化技术不断突破。多晶硅产业平均综合电耗已降至70度/千克以下，综合成本已降至6万元/吨。普通结构单、多晶电池光电转换效率已分别达到20.2%和18.6%，高效电池转换效率达到21.3%和19.2%，黑硅、PERC[①]、N型等电池技术以及半片、MBB[②]、双玻双面等组件技术快速产业化。

第三，应用市场快速成长。2017年，我国光伏发电新增装机达到53.06吉瓦，占全国电源新增发电装机的39%，连续五年光伏发电新增装机全球第一，累计装机为130.25吉瓦，连续三年全球第一，占全球光伏发电总装机量的32.4%。

第四，产业体系逐步健全。我国已基本实现常规光伏产品生产线的设备配套、浆料、背板、铝边框、光伏支架、封装胶膜、光伏玻璃、逆变器等辅材辅料和发电部件的产业供应。随着《太阳能光伏发电产业综合标准化技术体系》发布实施，光伏相关标准的制定修订速度正在加快，相关的检测、测试、认证机构正在逐步建立健全。

---

① PERC（Passivated Emitterand Rear Cell），一种新型结构电池，与常规电池最大的区别在背表面介质膜钝化，采用局域金属接触，大大降低被表面复合速度，同时提升了背表面的光反射。

② "先合后断"（make-before-break）的衰减器电路设计。

在坚实的产业基础背后,仍有不少急需解决的问题:

第一,制造规模虽然领先全球,但是仍处于全球价值链的低端。光伏发电产业智能制造水平不够高,与互联网、大数据、人工智能等融合不够深等现实问题导致我国光伏发电产业难以向更高层次迈进。

第二,装机量虽领先全球,但"弃光弃电"问题仍然严重,光伏的并网和消纳困难仍然比较明显。据统计,2015年全国的"弃光率"为12%,2016年的"弃光率"为11%。通过多方努力,2017年全国的"弃光率"下降至6%。虽然实现总体数量下降,但个别地方的"弃光"问题仍然十分严重。如甘肃、新疆的"弃光率"分别高达20%和22%,出现了逆势上升的现象。部分省市出现的规模化"弃光弃电"现象,严重背离了绿色发展理念。此外,全国均普遍存在并网审批手续烦琐,就近消纳政策虚置等问题,都与高效的行政目标渐行渐远,制约着光伏发电产业的健康、稳定和持续发展。

第三,光伏补贴缺口太大、补贴退坡、降本增效的现实需求跃然眼前。截至2017年年底,累计可再生能源发电补贴缺口总计达到1127亿元,其中光伏补贴缺口为455亿元(占比约40%),且呈逐年扩大趋势,目前已超过1200亿元,这些现象都制约着光伏发电产业的健康发展。例如,《关于2018年光伏发电有关事项的通知》,即"531新政"就是补贴退坡的直接证据。补贴退坡对光伏发电产业降本增效提出了新的要求,原可以倒逼光伏发电企业进行技术革新,以降低生产成本,但政策变动过于突然,并未给光伏发电企业留下足够的反应时间,很多光伏发电企业猝不及防,面临严重的生存危机。

一方面,不论是产业链升级的战略要求,还是并网、消纳难题的现实需求,甚至降本增效等技术更迭的要求,都在不断呼唤光伏发电产业的智能化;另一方面,正因为智能光伏具有智慧、优越、跨时代性等特征,使得响应并大力发展智能光伏已然成为解决降本增效、补贴退坡、弃光、并网等难题的最优方法和现实抉择。

二 研究的国外背景

(一)国外智能光伏的技术发展

1. 智能电网

智能电网是现代化的电力输送系统。智能电网通过利用信息及通信技术,以数字或类比信号侦测与收集供应端的电力供应状况,与使用端的电力使用状况,再用这些信息来调整电力的生产与输配,或调整家电及企业用户的耗电量,以此达到节约能源、降低损耗、增强电网可靠性的目的。一方面,智能电网与传统电网的不同之处在于它允许电力数据的双向通信,而不是单向流动。智能电网能够在输配电过程中实现电力供需的实时数据采集,使监测、生成、消耗和维护更加高效。大多数电网都基于从发电阶段到消费阶段的单向互动。另一方面,智能电网使用基于计算机的远程控制和自动化将电力网络中所有用户的操作集成在一起。这种双向互动是网格"智能化"的原因。与互联网一样,智能电网由控制、计算机、自动化、电信和设备组成,在智能电网中,上述技术与电气仪器组成的工作电网以数字方式响应我们快速变化的电力需求。

欧盟、美国、加拿大等都在加快发展智能电网。欧洲基于欧洲互联电网制度推进智能电网改革。例如,欧盟制定了到2020年用智能电表取代至少80%的电表的目标。这种智能计量和智能电网的推出可以将欧盟的排放量减少高达9%,每年家庭能源消耗量也相应减少。2016年11月30日,欧盟委员会发布了一项提案,声明所有消费者都有权向其供应商索取智能电表。智能电表通过能源市场逐步数字化,使得消费者可以获益。此外,消费者还应该能够获得动态电价合同。

2. 智能光伏制造

国外智能光伏的应用较为广泛,涉及领域较多,仅介绍以下三类:

第一类是智能光伏系统组件。智能光伏系统组件是局部智能的智能光伏。智能光伏系统组件部分的一个突出的应用是智能逆变器。智能逆变器可以帮助满足高级电网功能和运营及维护要求。与"哑式"逆变器相比,智能逆变器可以"穿越"电压或频率下降以及其他短期电网干扰。光伏存在一个潜在缺点,即大多数光伏系统都设置为在发现重大故障时断开电网。如果一个家庭的光伏系统脱机,这对业主来说只是一件令人头疼的问题。但是,如果数百或数千人同时出现这样的情况,它可能会扰乱网络的微妙平衡,将一个小小的干扰转变为整个城市或县的停电。但是,较新的"智能"逆变器可以防止光伏系统在不需要时离线。研究表明,可以通过防止电压和频率的突然恶化来确保电网稳定运行。智能逆变器与新控制方法的结合对于帮助公用事业向未来电网过渡至关重要。随着这一技术的不断成熟和大规模运用,大规模的风能和太阳能发电将成为电力供应的主要第二类是智能光伏产品。智能光伏产品是整体智能的智能光伏系统和产品，包括光伏发电的智能化、运维监控的智能化、能源利用的智能化等。例如，智能家庭光伏系统和 Smart Flower[①]。Solar Edge 是全球领先的智能能源公司，它提供的智能家庭光伏系统是一个典型的例子。智能家庭光伏系统集成了：智能能源，利用多余的太阳能为热泵、热水或灯和其他典型家用电器供电，并基于 Solar Edge 监控平台的智能设备自动控制；监控平台，可以查看实时系统和模块性能，并在移动设备上接收通知；功率优化，使每个太阳能模块以最大能力发电；智能逆变，有效地控制电流转变；储能，储存电能。Smart Flower Solar 公司的 Smart Flower 是一款集智能跟踪、智能冷却、智能清洁、智能安全、智能系统、智能使用于一身集成太阳能发电储能系统产品。Smart Flower 可与外部电动汽车充电站轻松集成，可用于电动汽车充电，非常适合公共场所，如购物中心、酒店、餐馆、小型企业等。

第三类是智能光伏建筑应用。Stellaris 是智能光伏建筑应用的领先者，它是一家屡获殊荣的建筑能源技术公司。自 2005 年以来，他们一直在开发产品，使建筑物能够实现"零净能量"甚至"净正能量"。该公司的 Clear Power 智能 BIPV[②] 窗可产生最佳的光伏模块功率，并可控制太阳能热量增益以及任何动态窗，同时保持透明度和视野。凭借其高功率密度和光伏效率，Clear Power 智能 BIPV 可以在窗户中产生足够的电力，从而对建筑物的电力负荷做出重大贡献。

（二）国外智能光伏的制度保障

1. 互联电网制度

互联电网打破了区域电网之间的壁垒，使得电网的能力和效率得以提升。欧洲电网是世界上最大的区域互联电网，也是世界上少见地实现了多国互联运行的电网。欧洲电网的电源装机总量全球最大，其对可再生能源的接纳和利用，也是各国推进能源转型、促进高比例的可再生能源消纳的学习典范。欧洲互联电网主要包括欧洲大陆、北欧、波罗的海、英国、爱尔兰五个同步电网区域，由欧洲输电商联盟（ENTSO-E）负责协调管理，

---

① 可跟踪阳光自动调节的智能太阳能电池板。
② 建筑光伏一体化（Building Integrated PV）。

是世界上规模最大的互联电网之一。各成员国间电网互联相对紧密,共有跨国电网联络线 355 条,其中交流联络线 328 条,直流联络线 27 条,联络电压等级以 380/400 千伏、200/285 千伏为主。互联标准促进了互联电网的发展。另外,美国有 43 个州以及华盛顿特区和波多黎各在 2013 年 2 月采用了互联标准。通过简化互联标准,各国可以推进互联电网的进程,"为网格连接定义适当的流程,减少不必要的交易成本,同时维护业务和安全标准"。此外,缅因州的互联标准是根据州际可再生能源理事会的 IREC(Interstate Renewable Energy Council)模式互联标准,来为各国提供执行这些标准的最佳做法清单。IREC 模型包含互联标准和净计量规则,因此提供了一个额外的资源,供美国各州在更新或颁布互联标准或净计量规则时参考、借鉴和咨询。

2. 财税激励制度

在过去十年中,欧盟国家实施了几种不同形式的融资:资本补贴、税收抵免、电价补贴、净计量和绿色标签等。德国的制度框架是欧洲内部的典范,因为它在两个关键领域中优于许多其他欧洲国家:第一,它提供了一个可持续的支持机制(德国的电价补贴)。第二,它简化了行政程序和允许程序。目前,欧盟内部的电价补贴盛行;德国、意大利、西班牙和法国是欧盟内太阳能光伏发电的最高生产国,它们都利用电价补贴作为太阳能光伏系统的支持机制。德国是太阳能产业的世界领先者,推进了"易于管理和允许程序"的适用,提供了足够的财政支助。关税策略的成功使得它在世界各地被积极地推广,包括美国,电价补贴已经开始在州和地方法律中出现。尽管德国的电价补贴取得了成功,但该国已决定降低其电价补贴,直到市场价格等于"网格平价"。换句话说,太阳能市场的扩张速度太快。这导致家庭成本上升,因为他们被迫承担补贴空前的太阳能市场增长的责任。另外一个欧洲大型太阳能光伏市场意大利也决定降低关税。然而,德国仍在经历着显著的市场增长,尽管降低了进口关税的吸引力,但是太阳能电池板的价格与激励措施同时都在下降。

3. 项目支持制度

智能电网虽然不只是智能光伏的电网,但智能电网显然可以成为智能光伏跃进的跳板。除了联邦税收抵免制度激励之外,美国还有专门的项目资助制度,即智能电网投资补助金和智能电网示范项目对智能电网的发展进行支持。为了启动国家老化能源基础设施的现代化,2009 年《美国复苏和再投资法案》（American Recovery and Reinvestment Act）在电力部门投资与私人资金额相匹配的 45 亿美元，总额达到约 95 亿美元，促进智能电网的建设。在 45 亿美元中，34 亿美元用于支助智能电网技术的研发和部署，提升智能电网的安全和可靠性，提升效率并降低成本。《美国复苏和再投资法》还为 50 多个智能电网劳动力发展项目提供资金，帮助培养电网公用事业和电力产业的下一代工人，还有 6 个项目旨在加强电力互联网的长期分析和规划能力。这些投资资金还可用于各州雇用新员工并对现有员工进行再培训，以确保他们能够快速有效地审查拟议的电力项目，并且支持制定智能电网的操作性标准和允许 47 个州、华盛顿特区和 43 个城市制定自然灾害能源保障计划。

4. 配套的法律制度

美国、欧洲均有智能电网的立法统筹部门，对智能电网活动等提供立法支持。例如美国于 2007 年 12 月，由国会通过、总统批准的 2007 年《能源独立和安全法案》（The Energy Independence and Security Act）第十三章。该法为能源部的智能电网活动提供了立法支持，并加强了其在领导和协调国家电网现代化工作中的作用。第 1303 条规定，智能电网咨询委员会和联邦智能电网工作组总揽美国智能电网建设工作。

欧洲则由欧盟委员会推进智能光伏立法工作，包括智能电表、智能电网标准、关税分配等。欧盟委员会发布了《关于修订电力指令的通讯文件》［COM（2016）864］《委员会关于智能电网和智能电表的数据保护影响评估模板的建议》（Recommendation 2014/724/EU）、《替代燃料基础设施部署指令》（Directive 2014/94/EU）、《关于跨欧洲能源基础设施准则的法规》（Regulation 347/2013/EU）、《能效指令》（Directive 2012/27/EC）、《委员会关于推出智能计量系统准备工作的建议》（Recommendation 2012/148/EU）和《内部电力市场共同规则的指令》（Directive 2009/72/EC）、《内部电力市场法规》（Regulation 2019/943/EU）、《电力指令》（Directive 2019/944/EU）等一系列规范，统筹欧洲智慧能源的发展。

三 研究目的与研究内容

（一）研究目的

第一，调查了解我国智能光伏发展现状，获取我国智能光伏发电企业的智能光伏发展的一手数据。

第二，根据搜集到的智能光伏实践数据统计并分析我国智能光伏发展状况、成绩，寻找我国智能光伏发展存在的问题及其制约因素。

第三，针对现状和问题提出推进我国智能光伏发展的可行的制度建议。

（二）研究内容

本专题拟围绕"智能光伏：肇启、愿景与实现"这一选题，开展调研。主要包括以下内容：一是智能光伏发电产业的发展状况；二是域外智能光伏发电产业发展的现实状况；三是我国智能光伏发电产业实践现状；四是智能光伏发电产业的政策演进；五是域外智能光伏促进制度；六是我国智能光伏促进政策的文本梳理和政策演进模式分析；六是智能光伏发电产业政策的不足及其完善对策。

四 分析框架与调研对象

（一）分析框架

第一，建立了智能光伏的分析框架。根据《智能光伏发电产业发展行动计划（2018—2020年）》析出的智能光伏模型："智能制造—智能光伏产品—智能光伏集成和运维—智能光伏应用"，并以该模型为基础分析我国智能光伏发展状况和问题。最后根据智能光伏建设愿景，针对局限因素提出了推进我国智能光伏发展的制度建议。

第二，根据智能光伏框架进行数据筛选、分类统计分析。统计了我国光伏发电企业前100强所涉及的智能光伏业务，以智能光伏发展阶段模型为参照和标准，分析了我国智能光伏发展的阶段状况，反思其中存在的问题和原因，包括技术和制度层面的原因。

（二）调研对象

受调研企业是一家专注于新能源电力投资运营及提供一站式光伏配件的高新技术企业，是中国新能源产业龙头企业之一。受调研企业的传统业务——光伏配件制造，涵盖太阳能电池铝边框、光伏安装支架、光伏焊带等产品，常年保持产业领先的发展态势，不断探索智能光伏业务，取得了一定的成绩。受调研企业将进一步致力于发展新能源，成为国际领先的新能源整体解决方案的服务商，提供优质的清洁能源一站式服务。鉴于受调研企业始终保持产业领先态势，其对智能光伏的应用实践及发展战略具有典型性和代表性，本专题选择其为调研对象，以确保研究的前沿性和数据的真实性。

第二节　智能光伏的基本认知

一　智慧能源的缘起与发展

当前，新一轮能源革命正在全球范围内加速推进，智慧能源应运而生、迅猛发展，深刻改变着人类社会生产生活方式。智慧能源可以简单地理解为"低碳技术+IT技术"的耦合，却不是简单的"低碳技术+IT技术"，亦非字面上而言的智慧和能源的简单组合。智慧能源是贯穿在能源生产、输送、供给和使用等各个环节的综合性解决方案。2009年，国际商业机器公司（International Business Machines Corporation）专家队伍开始提出要"构建一个更有智慧的地球"（Smarter Planet），提出了智慧机场、智慧银行、智慧铁路、智慧城市、智慧电力、智慧电网、智慧能源等理念。吴胜武、闫国庆认为，智慧能源是指将各种能源连接起来，并进行智能化开发、开采、输送及使用的能源系统。[①] 与之相关的技术被称为"智慧能源技术"。智慧能源包括可再生能源和清洁能源，更包括利用先进技术构建的能源发展开发利用模式。

从智慧能源理念的提出到现在，智慧能源不再局限于技术的突破与创新，而是涉及制度智慧的能源开发利用理念，与我国生态文明建设的目标不谋而合。因而，智慧能源不能简单地等同于智慧能源技术，还应涵盖智慧能源制度。技术是智慧能源发展的根本动力，制度则是智慧能源发展的根本保障，两者都不可或缺。首先，从内容上看，智慧能源不仅指能源开发和利用技术，还包括能源生产和消费制度；其次，从技术上看，智慧能源不仅指传统能源的改造技术，更包括新能源形式的发现和利用技术；再次，从制度上看，智慧能源不仅指能源生产消费制度，还包括与能源相关的所有社会制度；最后，从时间上看，智慧能源不仅指当前能源技术的改进和能源制度的完善，更包括适应未来文明要求的全新能源形式，能源技术的发现和利用，以及与人类生产生活相关的制度安排。

---

① 吴胜武、闫国庆：《智慧城市：技术推动和谐》，浙江大学出版社2010年版。

二 智能光伏的内涵与多维认知

字面上解读，智能光伏即是智能的光伏，侧重技术角度的内涵，这样解读显然不全面。首先，沿着智慧能源的纵深视角看，智能光伏是智慧能源的深化和具体应用，是光伏发电、输配、系统运维等的智能模式；其次，沿着智慧能源的横向组成视角看，智能光伏更是光伏电源与其他智慧能源系统的配合，共同献力智慧能源的应用。技术上而言，智能光伏旨在实现互联网、大数据、人工智能等与光伏的结合和应用；制度上而言，智能光伏制度旨在推进和保障互联网、大数据、人工智能等与光伏的结合和应用，是智能光伏的催化剂和驱动器。

从产业过程的角度看，智慧能源包括四大子系统和八大自网络。四大子系统分别为智能化的集中分层能源生产和输送系统、先进的储能系统、智能终端能源系统和智能能源服务系统。八大自网络分别为智能电网、智能水网、智能燃气网、智能油管网、智能热网、智能建筑、智能交通、智能工业管理和智能交互架构管理。智能光伏作为智慧能源的组成部分，并不是只能作为智慧能源四大子系统和八大自网络其中的某一部分，而是可以于智慧能源各个部分进行应用。例如，目前光伏应用最多的是发电，其在智能电网中的应用即是智能光伏电源系统。同样，在智能建筑、智能交通中光伏也可以应用。

为进一步规范中国光伏发电产业发展，推动产业转型升级，促进中国光伏发电产业迈向全球价值链的中高端，2018年5月，工业和信息化部、国家能源局等六部委印发了《智能光伏发电产业发展行动计划（2018—2020年）》。该计划将智能光伏从智能制造、智能光伏产品、智能光伏系统、智能光伏工业园区应用示范、智能光伏建筑及城镇应用示范、智能光伏交通应用示范、智能光伏农业应用示范、智能光伏电站应用示范、智能光伏扶贫应用示范、智能光伏技术标准体系和智能光伏公共服务平台等方面提出了计划和要求，并从加强组织协调和政策协同、推动智能光伏试点应用、多元化资金投入、促进光伏市场规范有序发展等方面等综合促进智能光伏的发展。

根据上述行动计划，笔者选择从智能光伏制造、智能光伏集成和运维、智能应用等几个方面出发，分析我国智能光伏发展的现状和存在的问题，展望了我国智能光伏的发展愿景，提出了发展智能光伏的具体建议。

遵循这一思路，笔者拟定了智能光伏的分析框架（如图2-1）：智能制造、智能光伏产品、智能集成和运维、智能光伏应用构成了智能光伏的四个维度（四个方向）；智能光伏工业园区、智能光伏建筑及城镇、智能光伏交通、智能光伏农业、智能光伏电站、智能光伏扶贫构成智能光伏的六大应用类型；微电网和智能电网是智能光伏系统和应用的依归，同时微电网则是智能光伏系统和应用通向智能电网的接点（并网型微电网）和断点（离网型微电网）。

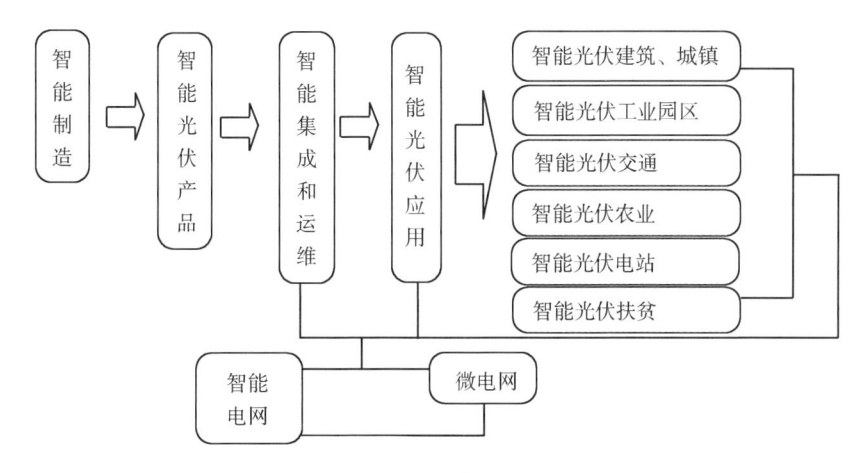

图 2-1 智能光伏的分析框架

第三节 肇启：我国智能光伏产业实践状况及其促进政策

一 我国智能光伏的发展实践

（一）数据筛选

根据2018年中国光伏发电企业排行榜，对我国排前100名的光伏发电企业及其智能光伏业务进行统计和分析。这份榜单中的前100家企业的智能光伏应用足以代表我国光伏发电产业的应用实践，通过对前100名光伏发电企业及其智能光伏业务进行分析发现：其一，这100家光伏发电企业的主营业务包括我国光伏发电产业的全部产品；其二，这100家企业的技术在各自的经营范围内都处于我国光伏产业的顶尖水平；其三，智能光伏的实现离不开的高端的技术、雄厚的资金等。我国前100强光伏发电公司现阶段的智能光伏应用实践远远多于中、低端光伏发电企业，在我国智能光伏发电产业实践中具有典型性和代表性。

（二）智能光伏的多指标分析

从智能光伏企业的位序分布来看，一方面，100家企业的主营业务涉及智能光伏的共有32个企业，占比32%。可见，我国光伏发电企业智能化程度仍然很低，大部分企业都仍处于传统光伏，而未涉足智能光伏。

另一方面，如图2-2所示，排名前10的企业中，共有6家企业涉及智能光伏，占比60%，分别为：协鑫能源、晶科能源、隆基能源、天合光能、无锡尚德、特变电工。排名在第11—50的企业，共有14家企业涉及智能光伏，占比35%；后50名企业中，涉及智能光伏发电企业共有12家企业，占比24%。可以发现，我国智能光伏发电企业在光伏发电企业中分布相对靠前，绝大部分处在光伏发电企业的前70强中，属于光伏发电企业中的实力派，有足够的实力延展智能光伏。

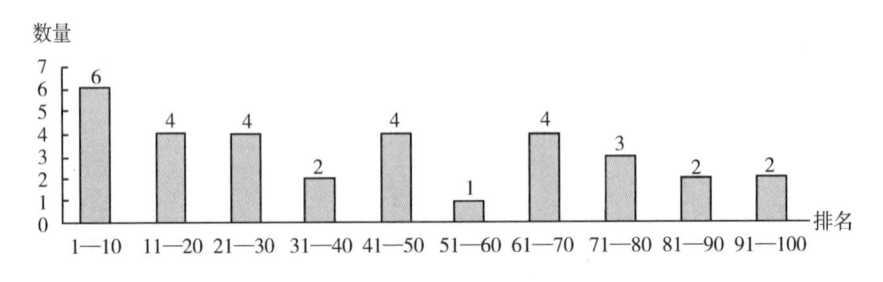

图 2-2　智能光伏发电企业分布

资料来源：2018年《互联网周刊》&eNet研究院发布的2018年中国光伏企业排行榜。

从智能光伏的业务方向来看，通过对32家涉及智能光伏概念的企业进行分类，发现32家企业中，共有4家企业属于智能光伏制造方向；8家企业可生产智能光伏产品，属于智能光伏产品方向；14家企业可提供智能云平台技术，属于智能光伏系统方向；15家企业属于智能光伏应用方向，其中部分企业同时涉及两个智能光伏方向。例如，受调研企业研制的随时间变换光伏组件角度的集成系统（光伏逐日系统），属于智能光伏系统的维度，继续智能化形成智能逐日系统将获取最佳发电量。如图2-3所示，涉及智能光伏应用的企业占比最大，达到的企业37%；涉及智能光伏系统的企业次之，达到34%；而涉及智能光伏产品和智能光伏制造企业分别为19%和10%，所占比例较小。

根据图2-3可以发现，我国现阶段智能光伏发电产业的中心集中在智能光伏系统和智能光伏应用，而智能光伏产品和智能光伏制造比例较低。智能光伏制造企业比例较低反映出我国光伏发电企业智能制造着力的不足，可以进一步提升光伏制造的智能化程度；而智能光伏产品企业比例较低更能直观地体现出我国智能光伏发电产业的发展仍然处于初期，对智能光伏产品的丰富性、多样性、灵活性有直接影响，有待加强。

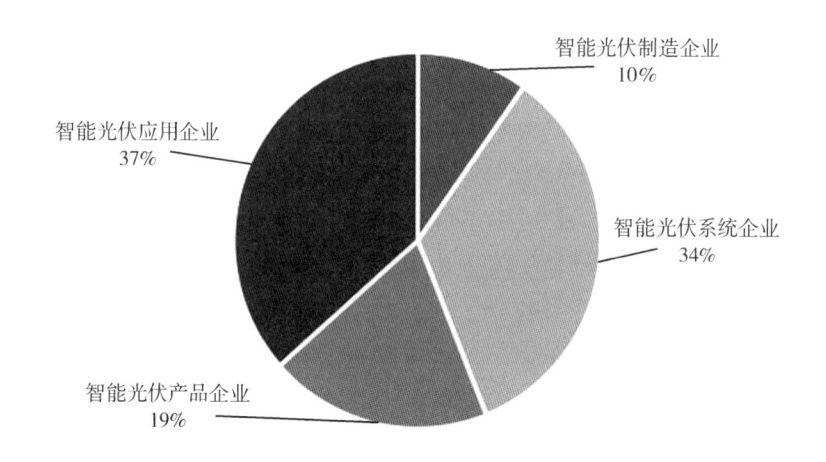

图2-3　智能光伏企业各方向占比

下面，以占比最小的智能光伏制造在整个光伏制造中的占比来分析我国智能光伏制造的不足；以占比最大的智能光伏系统分析我国智能光伏发展的智能程度（见表2-1）。从这两项数据及其反映的情况足以窥见我国智能光伏发电产业的整体发展状况。

在统计的全部企业中，光伏制造企业共有84家，其中智能光伏发电企业5家，占比6%。由此可见，我国光伏智能制造比例较低，光伏智能制造水平仍有待进一步提高。

在前100家企业中涉及智能光伏系统的16家企业中，其智能光伏系统的智能化水平显然有高有低，类型也有多有少。整体而言，集中于智能光伏监控系统和运维系统，但其智能化水平仍然比较低。

表 2-1　　　　　　　　　　智能光伏系统比较

企业	系统功能
协鑫智慧能源	电力需求侧智能管理、负荷优化、"源—网—售—用—云"一体化等
隆基股份	分布式光伏电站后续智能运维等
天合光能	云端监测、实时运维售后、设计、改造、收益、金融、电能治理、投资咨询等
汉能控股集团	户用分布式光伏的手机监控系统（App）
展宇光伏科技	数据监测、数据对比和性能评估、故障警报和问题排查系统
东旭蓝天新能源	光伏电站数据采集、数据存储、智能化故障诊断、大数据分析、数据价值挖掘、运维管理的全生命周期能源管理
易事特集团	光伏系统在线管理平台，支持实时数据可视化及历史数据存储分析
锦富技术	智慧光伏平台，主要功能为智能监测电站运行情况
青岛特锐德电器	智能云管理、智能主动运维、智慧能源管理
古瑞瓦特新能源	光伏建站过程中的人、物、事管理
固德威电源科技	定制云监控方案
正硅新能源	故障预警
禾望电气	光伏监控系统
科林电器	智能监控运维平台以及移动端 App
林洋能源股份	智能用电信息管理

从智能光伏的六大应用来看，纳入智能光伏应用板块的 15 家企业又分为智能光伏工业园区应用、智能光伏交通应用、智能光伏农业应用、智能光伏电站应用、智能光伏扶贫应用以及智能光伏建筑应用，共 6 大应用类型。如图 2-4 所示，智能光伏应用中，智能光伏电站占比 28%，智能光伏工业园区占比 26%，智能光伏交通占比 5%，智能光伏农业占比 10%，智能光伏扶贫占比 16%，智能光伏建筑占比 15%。

由此可知，我国智能光伏应用中光伏电站和工业园区占较大比例，智能光伏扶贫和智能光伏建筑所占比例较小。我国智能光伏应用仍处在较低程度的发展阶段，应用的丰富程度仍然不足，对于智能光伏农业和智能光伏交通方面需要加大推进。

（三）我国智能光伏发电产业发展状况评价

1. 我国智能光伏发展已经取得的成绩

当前，新一轮能源革命正在全球范围内加速推进，我国也不例外。光伏产业一直是我国新能源建设的重点产业，也是我国具有世界级竞争力和

智能光伏建筑 15%
智能光伏工业园区 26%
智能光伏扶贫 16%
智能光伏交通 5%
智能光伏电站 28%
智能光伏农业 10%

■ 智能光伏工业园区　　■ 智能光伏交通　　■ 智能光伏农业
■ 智能光伏电站　　　　智能光伏扶贫　　　■ 智能光伏建筑

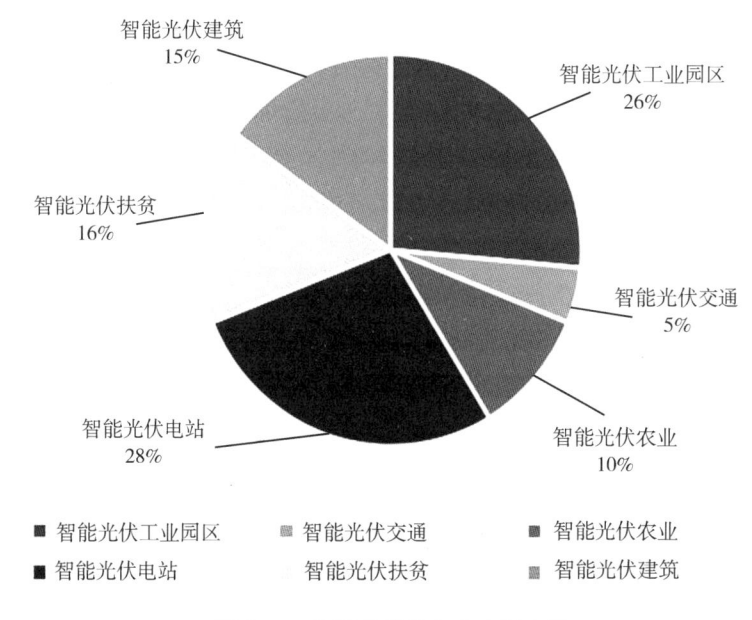

图 2-4　智能光伏的六大应用占比

竞争优势的产业，虽然面临着各种各样的问题，但我国光伏产业的发展也处在世界前列。同样，智能光伏的发展也是如此。从智慧能源理念的提出，到智能光伏的试水，我国智能光伏逐渐度过了蹒跚学步期，正在加速渗透整个光伏产业。

短短几年，我国智能光伏的发展取得了可喜的成绩：

其一，从智能光伏制造到智能光伏应用。智能光伏始于光伏产品的智能制造。但我国并未局限于智能制造，如协鑫能源、天合光能和东旭蓝天公司在光伏发电的智能运维、智能监控等光伏智能应用领域，成绩喜人。

其二，从初级阶段逐渐向高级阶段过渡。我国虽在智能制造和智能运维方面取得了可喜的成绩，但对于智能光伏的初级阶段而言，并不值得骄傲。对于整体智能阶段的高级智能光伏，我国已开始发力，正通过微电网示范项目等加速推进智能光伏的纵深发展。

其三，从单打独斗到组合竞技。从集中式光伏到分布式光伏的发展，不仅大大激发了光伏产业的潜力，也对光伏应用尤其是光伏发电提出了挑战。光伏发电的波动性一直是制约分布式光伏的难题，抑或是传统电力对光伏的刁难借口。毫无疑问，该特性极大地制约了分布式光伏在全国的开枝散叶。但是从智慧能源到智能光伏，以多能互补为例，光伏与其他能源类型一起组合出击，对于解决光伏发电的弱点，释放光伏潜力具有重要意义。

2. 我国智能光伏发展的短板

一直以来，我国光伏产业都面临着激烈的竞争和角逐。因此，尽管我国智能光伏领域成绩卓著，但也不能忽视其中我国智能光伏发展中的不足。

一方面，我国智能光伏应用深度不足，光伏智能化程度低。我国智能光伏仍然处在初级智能阶段，对于高级智能光伏应用仍然不足。我国光伏组件智能制造也处于初级智能阶段，尚未实现全面的智能制造。且光伏电站的智能运维等也处于局部智能阶段，尚未实现包括智能调度等在内的整体智能。以整体智能的微电网为例，之所以称为"微"电网，是因为其覆盖面小，与电网的整体智能化相比仍然相去甚远。此外，根据受调研企业的情况分析，智能光伏建设包括能源投资（多能互补）、电站智能化运营、电站评级、电站检测以及售电、碳交易和大数据的智能化。由此可见，受调研企业的智能光伏主要致力于智能运维，对于高级阶段的整体智能光伏涉及不足。

另一方面，我国智能光伏应用面仍然很窄，智能光伏场景少。目前我国智能光伏应用包括智能制造、智能运维、智能电网等，主要体现为光伏云系统、储能云系统、运维云系统等。尽管我国正在发力推进智能电网整体性的智能光伏，但就目前而言，我国智能光伏应用仍主要限于智能制造和智能运维，不仅智能制造和智能运维的覆盖率不全面，距离智能光伏在全过程、全产业、全方位的智能生产应用和智能生活应用仍然道阻且长。

3. 技术瓶颈制约智能光伏发展

技术瓶颈是制约智能光伏向纵深发展的客观原因。智能光伏是光伏技术和智能技术深度融合的新兴产业，其纵深发展不仅依赖于光伏技术的持续进步，更依赖于智能技术的发展。尤其是人工智能和5G技术的发展，既为智能光伏的未来发展提出了新的挑战，也为其未来的提质升级和进一步发展提供了很好的机遇。诚然，在技术研发和产业实践的双重推动下，我国的光伏技术及其应用已走在世界前列。但是，智能技术在光伏产业中的运用却仍然显得比较薄弱。相较智能技术和光伏技术而言，前者的相对技术先进性还落后于后者的技术进步程度。从调研的情况来看，当前，我国智能光伏的发展面临着将智能技术深度融入光伏产业并实现大规模、多领域应用的短板，智能技术的规模化、低成本和可得性又是其中的关键问题。因此，从总体来看，我国的智能光伏发展仍然处于初级发展阶段。在智能制造、智能运维及其技术解决等方面仍然需要取得技术突破。此外，无论是从国家宏观决策层面，还是从产业层面来说，都需要建立起对智能光伏及其未来发展的体系性认识，通过政策引导和激励智能技术与光伏技术的技术融合，通过产业力量推动智能技术和光伏技术的实践运用与产业融合，共同突破制约我国智能光伏发展的技术瓶颈，促进我国智能光伏产业的健康、持续和稳定发展。

二 促进我国智能光伏发展的政策

智能光伏的发展离不开政策支持，我国先后制定了一些促进光伏发展的政策，在攻克智能光伏技术瓶颈的同时，也在政策层面规划、促进和支持着智能光伏发电产业的发展。科学技术部 2012 年发布的《关于印发太阳能发电科技发展"十二五"专项规划的通知》以技术瓶颈攻克为导向，通过推进多能互补、微电网等技术来克服光伏发电的波动性难题。该文件以及 2013 年和 2016 年分别发布的《关于促进光伏发电产业健康发展的若干意见》《工业绿色发展规划（2016—2020 年）》虽然没有带有智能光伏的字眼，但其中的微电网、多能互补、智能电网、光伏储能一体化应用等却属于对智能光伏的促进政策。2016 年发布的《产业技术创新能力发展规划（2016—2020 年）》首次提到智能光伏，并对智能光伏电站的发展做出了规划。同年，《太阳能发展"十三五"规划》则从实现多种能源综合互补利用，建设智能离网型新能源微电网示范工程角度推进智能光伏的发展。2017 年，农业部发布的《关于政协十二届全国委员会第五次会议第 0928 号提案答复的函》提到了农业部要在智能光伏+有机农业、沙产业等产业融合发展方面加大步伐，努力培育农业发展新兴业态。2019 年 2 月，国家发展改革委、国家能源局发布的《关于提升电力系统调节能力的指导意见》再次重申了智能电网要满足分布式能源接入电网需要的要求。2019 年 4 月发布的《智能光伏发电产业发展行动计划（2018—2020 年）》更是为智能光伏的发展设定了阶段性目标、谋划了重点发展方向、规划了清晰的路线、提出了具体的政策性保障。

分析我国促进智能光伏发展的政策可以发现，我国智能光伏的促进政策经历了以下演进过程（如图 2-5）：

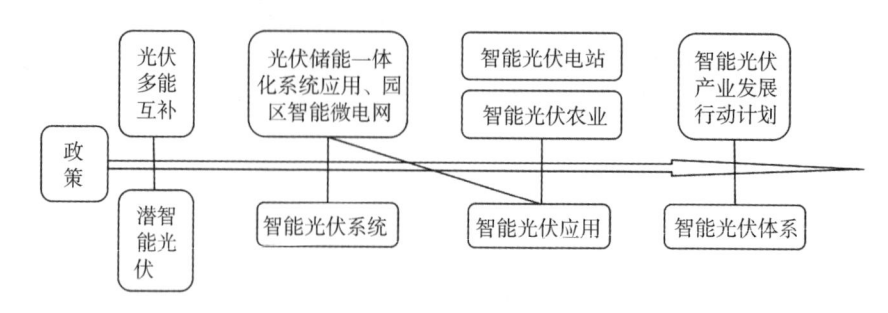

图 2-5　我国智能光伏促进政策的演进过程

我国智能光伏促进政策经历了从"多能互补"到智能电网，再到智能光伏电站，再到智能光伏农业，再到体系性的智能光伏规划的多阶段演进。从各个发展阶段所反映的智能化程度来看，这个演进过程又表现出"潜智能→个体智能→体系性智能"的阶段性特征。

分析上述所列政策，也可以发现我国智能光伏促进政策存在的不足之处：一方面，总体看来，智能光伏应用的促进政策存在不成体系、缺乏统筹、不全面等局限。从智能电网、微电网、智能光伏电站和智能光伏农业的专项政策来看，首先，没有形成一个体系性的智能光伏促进政策；其次，这些政策的陆续颁布显示出智能光伏促进政策统筹性的不足；最后，对于智能光伏交通、智能光伏建筑等应用的促进政策的缺失也凸显出智能光伏促进政策的不全面性。另一方面，智能光伏促进政策多依托于智能电网、微电网或者整体的光伏政策，而专门的智能光伏激励政策比较匮乏。《智能光伏发电产业发展行动计划（2018—2020年）》属于体系性的智能光伏规划，但该计划显然只是倡导性的，缺乏具体的激励政策。

三　制约我国智能光伏发展的多重因素

总结调研所获取的信息，笔者认为，目前制约我国智能光伏健康、有序和快速发展的因素主要有以下两个方面：

一方面是电网制度的弊端造成制度壁垒。在当前的电网制度之下，不仅存在国家电网和南方电网的分割，还存在省际电网等区域电网市场的壁垒。回顾上一轮始于 2002 年的"电改"，其开展了东北、华东等电力市场建设实践，取得了区域电力市场建设的宝贵经验，既验证了市场在区域范围内实施资源优化配置的能力,以及大区域电网统一调度的能力,也验证了国家行政资源调配的能力。但是,区域电力市场受地方行政区划的分割而无法形成真正的统一市场,围绕电力市场形成的央地之间和地方之间的利益关系也难以协调,这些都制约着统一的区域电力市场的形成和发展。尽管中央政府和电力企业又在跨省和跨区的电能交易方面进行了不懈探索,但伴随区域电网公司及区域电力调度中心的消融,区域电力市场改革陷入举步维艰的困境。与此同时,以"全国电力市场"为主要目标的"新电改"成为我国电力市场改革的新方向。这一轮的"新电改"始于2015年,随着跨区域电力交易平台的建设和投入运营,2016年,全国省际市场交易电量完成了1918亿千瓦时,同比增长21.9%。国家主导、统一调度的省际电力交易包括银东直流省间电力直接交易、西南水电外送集中交易、"电力援疆"市场化交易、锡林郭勒盟—山东特高压送山东电力直接交易、京津唐地区电力直接交易等。无论是区域电力市场,还是全国电力市场,都无法完全克服电网分割造成的利益竞争,也无法消除因此而形成的制度壁垒,反映为电力市场交易中交易需求神秘化、交易选择权弱化以及交易组织碎片化等难题仍然难以解决。

另一方面是规划制度失调导致发展失序。统筹规划制度的缺失导致新兴产业发展中产生市场失灵。通常情况下,市场是资源优化配置的决定性手段,但由于市场在信息、主体发育程度等方面存在固有缺陷,市场失灵时有发生,这就需要国家宏观调控予以矫正。以光伏发电为例,来自国家能源局的数据显示,2015年,全国大多数地区光伏发电运行情况良好,全国全年平均利用小时数为1133小时,但西北部分地区出现了较为严重的"弃光"现象。2016年第一季度,中国的"弃光"现象更加严峻。当年一季度光伏发电量为118亿千瓦时,同比增长48%,但全国"弃光限电"19亿千瓦时,相当于光伏发电总量的14%电力不能上网。这种情况在很大程度上源于中国光伏发电应用市场的投资布局的失衡,是光伏发电发展"重开发,轻消纳"的不科学发展思路的恶果。对"消纳"的忽视直接反映了在缺乏统筹规划情况下的市场失灵,而这正是制约我国智能光伏健康、稳定发展的重要的前置性障碍。

另外,规划制度的失调产生并网的壁垒。以我国大力推进的分布式光伏电站为例,一直以来,光伏发电能够顺利并网的前提是该光伏电站属于规划指标内的电站,即获得了审批的指标才能顺利并网。然而,由于缺乏统一的规划制度约束，不同地方执行着严格程度不一致的审批条件，遵循着繁复程度不相同的审批程序。光伏发电项目审批制度的地方差异性导致诸如"先建先得""资源竞争""市场重叠"等现象比较明显，在社会电力需求增长不足以消纳增量光伏的情况下，"弃光"问题在一定时期内仍然难以得到缓解。

第四节　愿景：智能光伏的发展目标

一　目标描绘

让"智能光伏更加智能"是我国智能光伏发展目标的通俗表达。业内普遍认为，智能光伏的发展目标包括但不限于：智能光伏的全产业智能化、智能光伏的全方位智能化及其广泛应用。通过智能光伏的发展，让全社会都受益是智能光伏发展的终极目标。具体来看：

智能光伏的全产业智能化是指整个光伏发电产业的智能化，是整体智能而非局部智能，是全部智能而非部分智能，是全生命周期过程中的智能而非部分生命周期的智能。调研发现，智能光伏全产业智能化包括两大支柱体系建设，四个方向的智能化发展以及六大智能化光伏应用方向的推进。其中，智能光伏的健康、快速、有序发展离不开智能光伏技术标准体系以及智能光伏公共服务平台的支持。因此，智能光伏技术标准体系和智能光伏公共服务平台体系是智能光伏全产业智能化的"两大支柱体系"。智能光伏智能化发展的四个方向包括：智能光伏制造、智能光伏系统、智能光伏产品和智能光伏应用。智能光伏的全产业智能化以智能光伏六大应用为基础，以此推进智能光伏在全社会层面的推广和应用。

我国智能光伏发展的终极目标是通过对大数据、云计算、互联网等手段的运用实现智能光伏生产、建设、运维等全方位的智能管理，实现减少光伏产能过剩、加强光伏供电的稳定性、合理安排光伏电站建设等一系列目标，并最终促进光伏能源逐步取代传统能源的过程。

通过智能光伏的有计划开发和利用，实现能源安全和生态环境保护的有机统一，建成充满智慧的智能光伏发电产业体系，避免光伏发电产业的盲目发展，促使我国能源结构的转型和升级，是我国智能光伏发展的理想图景。

二 两大支持系统

智能光伏的健康、快速、有序发展离不开智能光伏技术标准体系以及智能光伏公共服务平台的支持。换言之，智能光伏的发展首先应建立完善的智能光伏技术标准体系和智能光伏公共服务平台，这是我国智能光伏发展的紧要任务。

就智能光伏技术标准体系而言，《太阳能光伏发电产业综合标准化技术体系》对太阳能光伏发电产业综合标准化技术体系的组成进行了详细的规定。智能光伏技术标准体系则是在该标准体系的基础上制定的技术标准，包括但不限于智能化光伏产品及测试方法标准、光伏产品生产及管理系统互联互通标准、智能制造工厂和数字化车间模型标准、智能制造关键设备标准、智能制造设备故障信息数据字典标准、智能生产及评价标准、智能运维标准等。需要强调的是，完善的标准体系既要求能覆盖智能光伏的全产业链，还必须有合理的技术标准更迭制度为配套。

从智能光伏公共服务平台的建设来看，智能光伏的发展需要完善的、多样的、全面的智能光伏公共服务平台。智能光伏公共服务平台，是指为智能光伏的建设和发展提供公共服务的平台，是智能光伏产、学、研、用、支持等服务的集合中心，以提供完善的、涵盖全产业服务的平台。从类型来看，智能光伏公共服务平台包括但不限于：技术创新平台、检测认证公共服务平台、公共服务平台、创业支撑平台等。从智能光伏的国内外发展来看，完善的公共服务平台是助力智能光伏发电产业发展的必备因素，尤其在互联网和人工智能迅速推进的背景下，完善的智能光伏公共服务平台显得尤为必要。

三 四个重点发展方向

未来，智能光伏的四个方向均达到高度智能水平，包括全产业智能制造、全面的智能光伏系统、丰富多样的智能光伏产品、广泛领域的智能光伏应用。

一是全产业智能制造。覆盖全产业链的智能光伏制造，即与光伏相关的所有组件、部件、产品等的制造均实现智能制造。智能制造包括基础材料的智能制造、光伏部件的智能制造、光伏产品的智能制造以及废旧光伏产品的智能拆解、智能提炼等。例如，多晶硅、单晶硅等基础材料的智能化生产；有毒有害物质排放和危险源的自动检测与监控、智能回收；安全生产的全方位监控；多晶硅、单晶硅等生产在线应急指挥联动系统；长晶自动控制系统；自动喷涂；自动倒角；金刚线截断；开方和磨面自动上下料；自动检测等。通过智能制造做到整体的可追溯，对不达标企业、零部件、产品能够去伪存真、去劣存优，提高光伏发电产业的整体产业品牌效应，真正使我国的光伏发电产业成为和高铁等并列的优势产业，使智能光伏发电产业成为光伏发电产业的龙头。

二是全面的智能光伏系统。全面的智能光伏系统，即全面实现各种光伏管理、监控、运维等的智能化。例如，光伏 MES（PV Manufacturing Execution System，光伏生产过程执行系统）、光伏 PLC（PV Programmable Logic Controller，光伏可编程逻辑控制器）、光伏 SCADA（PV Supervisory Control And Data Acquisition，光伏数据采集与监视控制系统）、光伏 SRM（PV Supplier Relationship Management，光伏供应链管理系统）、光伏 PLM（PV Product Life Cycle Management，光伏产品生命周期管理系统）、光伏 CRM（PV Customer Relationship Management，光伏客户关系管理系统）等智能光伏信息化管理系统、智能光伏监控系统、智能光伏建模系统、智能化光伏设计系统、智能光伏发电施工管理系统、智能光伏电站系统和智能光伏发电监控系统等覆盖光伏全范围的智能集成系统。

三是丰富多样的智能光伏产品。丰富多样的智能光伏产品，即涉足各行各业各领域、大小不一、种类各异、功能多样等的智能光伏产品。例如，智能光伏清洗机器人，智能光伏巡检无人机，即插即用、可拆卸、安全可靠、使用便利的户用智能光伏产品及系统，先进光伏产品与消费电子、户外产品、交通工具、航空航天、军事国防等结合的智能光伏产品，太阳能充电包、背包、衣物、太阳能无人机、快装电站等丰富多样的移动智能光伏产品。

四是领域广泛的智能光伏应用。领域广泛的智能光伏应用，即涉及各种领域的智能光伏应用。除国家鼓励推进的智能光伏电站、智能光伏工业园区、智能光伏交通、智能光伏农业、智能光伏建筑和城镇、智能光伏扶贫六大应用场景外，未来的智能光伏应用还可在生活服务和生产服务等更广泛的领域发挥作用，从智能光伏的发展趋势来看，智能光伏的应用范围和空间还有很大的潜力。

四 六大应用场景

(一) 智能光伏建筑和城镇

据预测,未来将会有大小不一、或集成或分散、或独立或并网的智能光伏建筑,以及由智能光伏支撑的智能光伏城镇。在有条件的城镇建筑屋顶(如政府建筑、公共建筑、商业建筑、厂矿建筑、设施建筑等)都会有智能光伏的各种应用。通过独立的"就地消纳"分布式建筑屋顶光伏电站和建筑光伏一体化电站,实现分布式光伏的智能应用发展。在光照资源优良、电网接入和消纳条件好的城镇和农村地区,通过新型城镇化建设、旧城镇改造、新农村建设、易地搬迁等手段,实现居民屋顶智能光伏应用,形成若干光伏小镇、光伏新村。在供暖局限地区,实现"光伏取代燃煤取暖"的普及和规模化运用。

调研发现,目前在建筑物上铺设光伏就是常见的光伏的应用场景。德国就是这一光伏应用场景中走在前列的代表性国家。我国的智能光伏建筑和城镇也应该效仿德国的模式,对分布式建筑和无法进行集中式应用的城镇进行光伏开发和利用,充分发掘分布式智能光伏的应用潜力。事实上,我国有2/3的陆地国土具有较好的光伏条件,生态环境污染较严重的华北地区的光照都比较好,具备发展分布式光伏缓解环境压力、改善用能状况的有利条件。

另外,在技术条件允许的情况下使分布式光伏能够并入电网也是智能光伏最重要的发展愿景。主要原因在于:对于家用光伏产品来说,日间上班时间家庭用电较少,可以储存电能或是为电网供电,既能补贴家用,也可以节省资源。在光伏发电量不够的情况下,还可以从电网上购买电能,达到电能的生产和消费智能化转换。

(二) 智能光伏工业园区

在未来,将实现工业园区能源的升级和转换,智能光伏将成为工业园区的必备能源基础设施,实现智能光伏与工业园区的深度融合,在降低能源成本的同时实现工业园区的绿色化。在光照优良部分地区,实现智能光伏发电对传统能源的大部分替代,甚至在用电需求少的办公园区实现智能光伏发电对传统能源的完全替代,建成新型工业化的智能光伏园区。

(三) 智能光伏农业

智能光伏农业是智能光伏农村的重要组成部分。在未来,智能光伏将和农、林、牧、渔实现更深层次、更全面的融合，全面实现智能光伏农业。智能光伏与农业融合发展，开展立体式经济开发，通过在农业设施棚顶安装太阳能组件发电、棚下开展农业生产的形式，将光伏发电与农业设施有机结合，在种养殖、农作物补光、光照均匀度与透光率调控、智能运维、高效组件开发等方面开展深度创新。鼓励光伏农业新兴商业模式探索，推进农业绿色发展，促进农民增收。

（四）智能光伏扶贫

智能光伏扶贫也是智能光伏农村的组成部分。在未来，通过智能光伏实现脱贫攻坚战的胜利，实现智能光伏脱贫目标，建成一个又一个智能光伏农村。通过智能光伏农村，实现智能光伏城乡协调推进、统一发展、同步智能。

除了建筑物光伏的应用外，分布式光伏和集中式光伏都可以被应用在扶贫的应用场景中，因为在一些相对资源贫瘠的地区，如沙漠、荒滩、戈壁等，其光能往往也很充足，在没有其他合理的产业可以发展的情况下，光伏发电产业既能解决当地的能源问题，又能创造经济收入。从调研的情况来看，我国推动的光伏扶贫工程已经取得了显著的阶段性成果，确立了以村级光伏电站为主的发展模式，建立和完善了光伏扶贫的顶层设计，建成了一批光伏扶贫电站。智能光伏的加入会使得光伏电站建设成本更低，应用更加灵活，将其融入扶贫工作可以解决光伏发电中的浪费问题。总体来看，智能光伏扶贫应用可以实现社会、经济、环境效益的有机统一。

（五）智能光伏交通

目前，济南已经建成了国内首段光伏公路。未来，我国的光伏交通将更加智能、更加综合、更加便捷。例如，合理布局、满足需求的光伏交通电站及充电桩，光伏公路噪声屏障、光伏公路交通指示标志、光伏太阳能路灯、光伏公路服务区（停车场）、光伏公交场站、光伏港口码头、光伏航标等导助航设施，光伏海上工作趸船和光伏海岛工作站点等广泛的智能光伏交通应用将是智能光伏未来发展的重要方向。

（六）智能光伏电站

未来，光伏电站将更加智能，能够充分满足智能电网的技术要求，实现智能发电。从生产侧来看，智能光伏电站可与天气预报系统联通，共享气象预测信息，实现智能发电预测和生产安排。从项目建设来看，智能光伏电站将会有更加灵活多变的建设场景，实现因地制宜。此外，智能光伏还可以和很多未来应用相结合。例如,智能光伏的质量更高,应用场景更加宽泛,在空间站、飞机、汽车、交通指示灯等各种现代化的以及机器人等未来的机械设备或是生活用品中都能得到广泛应用,以解决现代和未来社会中的便携设备的能源供给问题。例如,现已量产的光伏背包就可以解决大多数便携式电子设备的充电问题。

第五节 实现:智能光伏促进制度的构建

一 智能光伏的总体规划制度

对于智能光伏的发展规划,目前尚无科学的顶层规划。《智能光伏发电产业发展行动计划》虽然做了一定的展望,但该计划的范围较窄,内容也比较粗略,仍需进一步完善。智能光伏的总体规划制度有利于有效缓解光伏发电产业发展的诸多产能过剩、资源浪费供需错配等问题。构建智能光伏的总体规划制度应当注重以下几个要点:

一是注重供需的匹配性。防止产品供给、制度供给与现实需求不一致,实现资源最优配置。统一规划可以有效解决产能过剩问题。要吸收光伏发电产业整体发展过快造成的产能过剩的教训,对于智能光伏的发展要有长远规划,对于其在能源来源中的总量和占比尽采取逐步有计划的提升的方式,而不是盲目扩大智能光伏的比重。这就要求相关主管部门明确各地能源缺口和对光伏发电产业的需求和消费情况,运用大数据和云计算等先进手段对光伏生产进行合理的规划。例如,对光伏建设地点进行较为详细的统一规划,避免出现普通光伏电站建设中的供需错配问题。国家在获得能源使用状况上具有明显优势,国家能够掌握整体的电力生产和需求状况,从而解决就近消纳问题,并从源头上避免消纳困难问题的产生。

二是注重规划的科学性。制定规划与解决现实问题的出发点是不同的,规划的制定必须考虑到智能光伏未来可能产生的状况。因此,适当超前的、符合科学规律的智能光伏发展规划是必要的。

三是注重规划的整体性。目前,智能光伏并非我国的主要能源来源,所以,对于智能光伏的规划还要依照各能源进行整体性、一致性上的规划。规划要根据各能源的供给、市场对于能源整体的需求和环境保护的迫切程度等多方面进行统筹考虑，以实现地区间、区域间能源需求以及供应的动态平衡和整体性平衡。

二 智能光伏的产业协调制度

智能光伏发电产业协调制度的基础是整个能源产业的协调。这种协调既包含纵向层面对能源产业中的各细分产业之间的协调，又包括横向上与能源产业并列的其他产业间的协调。根据调研的情况来看，在能源产业内部，智能光伏的智能化最重要的体现是产能安排的智能化、有组织化。智能光伏的技术含量高，具有普通产业不具备的高技术优势，这也要求智能光伏的建设尽可能发挥这一优势。在上述统一平台的基础上合理安排各种能源比重。根据其他类型的能源供给状况、成本状况和环境状况等多因素来调控不同能源产业的生产，实现各种能源供应的合理平衡。实现多类型能源供应平衡的关键是能源智慧平台。

在与其他产业的协调上，光伏产业可以根据其他产业的需要，合理发展光伏产品的种类，扩展应用场景。事实上，在很多应用场景和其他产业中，智能化的光伏产品都具有很强的灵活性、适应性和唯一性。总体来说，智能光伏产业整体协调制度应当与其他产业的发展促进制度进行一定程度的融合，例如与其他智慧能源产业（智能风电、智能水电、燃气等产业）的协调与融合。

三 智能光伏的财税支持制度

（一）合理完善财政补贴制度

2018年5月31日，国家发展和改革委员会、财政部、国家能源局联合发布《关于2018年光伏发电有关事项的通知》。在此之后，光伏补贴极速滑坡，整个光伏发电产业都陷入深深的困境。在此之前，大水漫灌式的补贴政策造就了良莠不齐和产能过剩的光伏市场，这也在一定程度上揭示了制约智能光伏发展的原因。对智能光伏以及光伏发电产业进行科学合理的补贴是促进产业发展的重要手段，但应坚持"应补则补，精准补贴"的原则，避免再次出现因大水漫灌式补贴而引发的问题。

完善智能光伏补贴政策应该注意以下几点：其一，调整补贴政策，建立遴选和淘汰机制。从调研所反映的情况来看，过度补贴会遏制创新，企业会跟随政策动向而不是依据市场需求来进行产品研发和产能投放。这种情况将从根本上影响智能光伏产业的健康发展。为此,应当提高补贴门槛,重点对技术优势性企业和产品创新程度高的企业进行补贴,扶持这类企业做大、做强,从而带动树立智能光伏产业的价值观。对于仅仅依赖补贴才能艰难生存的企业,应将其调整出被补贴的对象范围,加速智能光伏产业的优胜劣汰进程。如此,既完成了智能光伏产业的供给侧结构性改革,也有助于推动形成良性的竞争和发展格局,还有利于资源的优化配置,增强智能光伏产业自主发展能力的提升,为我国智能光伏产业参与国际市场竞争并谋求优势地位奠定良好而坚实的基础。其二,智能光伏产业的补贴政策应该是短期举措而非长期政策。调研表明,我国的智能光伏发展正处于产业优化、转型升级的关键时期,在这个阶段进行适当、合理的补贴,有助于帮助产业的转型升级。在完成转型升级后,应及时取消补贴,将智能光伏产业推向市场,由市场在资源配置中发挥主体作用。换言之,市场化是我国智能光伏产业发展的最终方向,相应的补贴政策应据此做出及时的动态性调整。因此,我国的智能光伏补贴政策应坚持灵活性,避免陷入固化、呆板的误区。其三,严厉打击和惩处各种形式的骗补行为,通过惩罚措施,保障补贴的精准性和补贴政策的有效性,通过对骗补行为及其责任人的责任追究,维护补贴政策的严肃性和权威性。

(二) 完善税收制度

从宏观角度来看,税收制度的制定既要包含智能光伏发电产业的税收制度,又要包含相关产业的税收制度。就后者来看,财政部、国家税务总局发布的《关于继续执行光伏发电增值税政策的通知》中指出:2016年1月1日至2018年12月31日,对纳税人销售自产的利用太阳能生产的电力产品,实行增值税即征即退50%的政策。反观我国环保产业的税收优惠政策,有如下利好规定:企业可以免征、减征企业所得税,包括从事符合条件的环境保护、节能节水项目的所得(自项目取得第一笔生产经营收入所属纳税年度起,第一年至第三年免征企业所得税,第四年至第六年减半征收企业所得税)。事实上,光伏发电产业是能源产业的一部分,也是属于广义的环保产业,对于光伏发电产业的建设应当制定类似于环保产业的税收优惠制度,以此来降低光伏发电企业的生产成本。此外,还应针对个人所得税、增值税、营业税制定相应的税收减免规定。在保证光伏发电产业税收减免的前提下,还应当提高传统能源使用的税收标准。现阶段,要改变国内能源结构、提高太阳能资源可替代性,可以考虑从增加传统能源使用成本方面着手，减少太阳能与传统能源的生产成本差距，以此推动太阳能资源的广泛使用、促进光伏发电产业发展。

（三）发挥政府采购制度的作用

一是在政府采购过程中，加大对光伏产品的倾斜力度。在政府招标过程中，多采用智能光伏发电设施，例如，智能光伏路灯、智能光伏计算器以及安装智能光伏系统的公共建筑等，增加公共产品中智能光伏产品的比例。二是规定部分地区政府光伏使用量的比例，以此消纳光伏电力，保持智能光伏上游市场的稳定发展，以带动智能光伏产业的发展。

（四）加强对相关配套设施的资金支持

为促进国内智能光伏应用市场的快速发展，国家应从战略层面，多角度地完善相关政策体系。在战略层面，将发展智能电网上升为国家战略，建立合理的引导机制，实现利益关联方的共赢发展，从而促使智能电网建设与太阳能等新能源开发利用协调发展，为智能光伏发展奠定坚实、健康的上游产业基础。在财税层面，由于智能电网的准公共产品特性，国家应承担建设投资主体的责任。一方面，加大财政投入和对电网企业的税收优惠；另一方面，中央划拨部分基础设施建设资金用于智能电网的研发和建设。同时，地方政府可因地制宜地推动智能电网在本地区的应用。

四 智能光伏的创新激励制度

智能光伏的发展在根本上依赖于科学技术的发展。目前，我国光伏发电产业的同质化相对严重，光伏发电企业之间的差距并不大，智能技术的融入程度也没有拉开差距。智能光伏是光伏产业的发展方向，光伏产业的技术差距将会随着智能技术的融入程度不同而呈现出不同的技术状态。因此，如何通过创新激励制度，推动光伏技术和智能技术的双向发展，并实现深度融合是影响智能光伏发展的关键。技术创新的激励包括但不限于财税优惠，还包括以下两方面内容：

一是构建股权激励制度。构建股权激励制度，让股权激励成为常态化的、公开的、公平公正的技术激励制度。技术的创新来源于人，光伏发电企业对于人才的需求也十分迫切，尤其是技术相对较低的光伏发电企业。鼓励技术创新既是鼓励企业创新，也是鼓励企业的工作人员创新。因此，技术创新激励制度离不开人员激励制度，对高技术人才进行股权激励是留住人才并发挥其作用的重要制度。

二是完善知识产权保护制度。既要加强对研发人员知识产权的保护，也要强化对企业知识产权的保护，构建形成研发人员与企业之间合理的知识产权权益分配制度。在继续发挥股权激励，保护研发人员知识产权的前提下，积极探索新型的知识产权保护和合作方式。

三是建立技术资质实质审查制度。以高新技术企业为例，高新技术企业资质的审查不应停留于高中级职称人员、高学位人员的比重或者数量。高中级职称人员、高学位人员的数量或者比重只能代表形式上的"高新"，却不能代表其任职企业研发的产品或技术属于"高新"。相反，只有实质上研发出"高新"技术的企业才能称得上高新技术企业。同样，能称得上"智能光伏发电企业"的应当是拥有实质的"智能光伏"技术的企业，而不是以人员数量指标代替的智能光伏发电企业。因此，对于智能光伏发电企业的审核不仅要进行形式性审核，而且应当进行实质性审核，并不能因为研发人员的比例，或是科研经费的比例而给予智能光伏发电企业的称号。具体而言，可以建立第三方评价机构对其技术进行实质审查。这样才能保证企业的创新积极性，否则很多企业可以通过各种手段取得"名不副实"的智能光伏发电企业称号，滥竽充数，降低真正的智能光伏发电企业的创新积极性。

五 智能光伏的统一调度制度

建立统一调度制度能够有效解决就近消纳问题，并且能够增加电力企业的利润。智能光伏的调度关键需要有一个统一的跨区域的平台来进行。智能光伏的优势就在于智能化的运维，可以通过横向的跨地域调度和跨时间的调度实现空间和时间的"双维度错峰"。目前，最具优势的调度主体莫过于国家电网公司，其信息整合能力也是任何一个光伏发电企业所不具备的。因此，智能光伏统一调度的主体当然地应由国家电网公司承担。应授予国家电网公司获取相关必要信息的法定权限，允许其通过协议的方式，在保障电力安全的前提下，借由智能技术对光伏生产及其产品应用进行干预。如此，不但能保证光伏管理的统一性，还能促进智能光伏的节约化发展。

构建智能光伏的统一调度制度包括但不限于以下三方面的内容：

一是调度公开制度。智能调度首先应当是公平公正合理的调度。如果所有的调度信息都装在一只"黑匣子"里面，基本的调度信息都不能公开,那么所谓的调度监督是等于零的。权力直到碰到有边界的地方才停止,信息公开是监督的前提。因此,智能调度或者统一调度的前提是必须保证调度信息的公开。应当明确的是,属于国家机密的应当属于保密范畴,但不属于国家机密的则属于应当公开范畴。

二是打破电网壁垒,消除调度壁垒。统一调度和智能调度的实现还离不开对电网壁垒和调度壁垒的消解。当前区域电网、省级电网之间仍然壁垒重重,距离智能调度仍然有差距。以分布式能源为例,两界壁垒界限附近的分布式光伏可以就近消纳,但如果存在壁垒的话,边界的分布式光伏只有一半的需求,而三界壁垒附近则只存在1/3的消纳空间。因此,必须打通电网壁垒,消除调度壁垒。

三是制定中立、独立、智能的调度规则。智能调度是在一定规则下的智能调度,而非"调度程序"的任意调度。因此,调度规则的设定就显得尤为重要。首先,调度规则应当是中立的,中立的调度规则可以防止调度受到各方意志的干扰,丧失调度的中立性。其次,应当将调度与电网运营进行适当的分离,实现调度的最优和电网的最优,而不是电网运营单方面的最优。最后,融合清洁能源优先调度规则。清洁能源电力优先调度规则已经实行,智能调度要做到更好地融合和促进清洁能源电力更稳定的供应。

专题三

废弃光伏组件无害化处置的问题诊断与解决对策*

第一节　导　论

一　对废弃光伏组件数量激增的研判

光伏产业是一种能源新业态，属于战略性产业，其符合绿色、低碳经济的发展要求，契合生态文明建设的战略目标。早在2013年，国务院就发布了《关于促进光伏产业健康发展的若干意见》，这一纲领性文件拉开了中国光伏产业蓬勃发展的序幕。2016年，国家能源局出台了《太阳能发展"十三五"规划》，计划到2020年年底，我国太阳能发电装机达到1.1亿千瓦以上。2018年，在光伏补贴退坡的利空政策影响下，我国光伏产业仍然实现了爆发式增长。截至2019年6月底，我国光伏发电累计装机量已达到1.8亿千瓦，提前超量完成装机目标。当前，我国光伏组件的存量和增量都呈现量级化增长的态势。

一方面，光伏组件的理论使用寿命周期一般为25—30年，但受技术和制备工艺的影响，其实际使用寿命远低于20年。例如，高温可能加速组件老化，沙尘等其他因素则可能导致光伏电池板材料衰损，逐渐降低发电性能。同时，雨水、冰雹、台风、地震等自然因素也会造成光伏组件的

---

* 本专题执笔人王江、杨静。

非正常破损。我国第一代光伏组件投入使用已逾10年,大批量的光伏组件即将迎来淘汰高峰期。另一方面,光伏组件技术迭代更新的周期逐步缩短,光伏组件的人为淘汰率也逐步提升。此外,受"补贴退坡"的影响,"弃光"现象也有发生。这就意味着,短期内我国废弃光伏组件数量将会急剧增长。据中科院电工研究所可再生能源发电系统研究部在"十二五"期间承担的"光伏设备回收与无害化处理技术研究"项目研究结果显示:在2020年后,我国光伏组件的废弃量将开始显著增加,到2034年,我国光伏组件的废弃量将达到60吉瓦,若运行维护不当,累计废弃量则预计达到70吉瓦。另据国际可再生能源组织(IRENA)和国际能源署光伏电力系统项目(IEA PVPS)预测,全球废弃光伏组件总量将从2016年年底的25万吨增加到2050年的7800万吨以上。其中,大部分的废弃光伏组件由中国产生。可见,未来我国将面临较为严峻的废弃光伏组件无害化处置问题。

二 废弃光伏组件的潜在危害

光伏组件由光伏玻璃、EVA膜、太阳能电池片、TPT背板、铝边框、硅胶和接线盒构成。目前,我国的太阳能电池主要有晶硅电池、聚光太阳电池以及碲化镉、铜铟镓硒、砷化镓等新型太阳能电池。TPT背板主要是含氟背板,光伏组件中含有硅、锌、铅、铜、银、汞、砷、镉、硒、铟、镓、氟等元素,而镉、铅、汞、砷、氟等元素剧毒。比如,镉会造成肾脏疾病、引发骨质疏松、心血管疾病以及癌症等;铅被人体摄取后会危害中枢神经,造成精神错乱等;而氟摄入过多则会造成骨骼损伤等疾病。研究表明,在25年或者更长的时间里,大量的废弃光伏组件若不予回收而进入普通垃圾处理站点,组件中有毒有害物质的释放则会对土壤和地下水造成严重污染。碲化镉太阳能电池中的镉和晶硅组件中的铅一旦进入土壤或水,将会扩散到埋藏区域以外的地区,这将对人体和环境带来新的且难以预测的风险。

三 废弃光伏组件无害化处置的经济可行性

其一,现有技术制备的光伏组件中,玻璃占70%、铝占10%、黏合封胶占10%、硅占5%、稀有金属占1%左右。从这些构成来看,光伏组件中大部分材料具有回收、循环利用的经济价值。IRENA在其2016年报告中指出，到2050年，来自二手太阳能电池板回收材料的价值将超过150亿美元。从能源市场的角度看，制造光伏组件所使用的原材料具有稀缺性、不可再生性和潜在的供应链中断等风险，对光伏组件进行有效回收可以缓解原生材料投入和新光伏组件的价格波动，促进光伏产业链的持续发展。同时，回收利用废弃光伏组件需要技术与人才支持，这将会催生新的光伏组件研究机构和回收处理的第三方，创造新的就业机会。

其二，将光伏组件回收利用可减少因不当处置带来的环境污染风险，降低环境治理成本。具言之，一方面，可减少或避免因普通焚烧、填埋处理方式对生活和生态环境造成的不利影响，如回收1吨晶硅太阳能电池板可以减少800—1200千克二氧化碳当量的排放。同时，硅生产是一个密集的能源消耗过程，从废弃的光伏组件当中回收硅所需要的能量和成本是直接提取硅原料的1/3。另一方面，光伏组件的制造需要运用大量的稀有金属，如铟和锗等，回收利用可充分降低稀有金属的使用量。

第二节 我国废弃光伏组件无害化处置的问题

一 富集区与无害化处置能力区的分布错位

废弃光伏组件富集区与无害化处置能力区不一致是废弃光伏组件无害化处置面临的现实。目前，我国光伏发电主要包括分布式光伏电站和大型地面集中式光伏电站。其中，大型地面集中式光伏电站主要分布在西部地区。统计数据显示，2012—2015年，甘肃、青海、新疆地区规模化的光伏装机年均增长率达到152%、62%、214%。而我国大部分能对光伏组件进行回收利用的企业位于东部沿海的发达地区。这就导致大量的废弃光伏组件需要经历长距离的运输，无疑会增大回收难度、提高无害化处置成本。就分布式光伏电站的分布来看，其主要以工商企业厂房屋顶或居民屋顶为形式，虽然主要分布在东部地区，但是，由于分布式光伏电站是点对点形式，分布零散，回收不便，无害化处置的难度较大。

二 废弃光伏组件无害化处置的内生动力不足

调查发现，一方面，当前我国光伏组件的回收和无害化处置成本高于生产成本，这种成本倒挂的现象严重地限制了企业回收和无害化处置的动力。另一方面，从 2010 年第一批"金太阳工程"建设到现在只有 10 年，废弃光伏组件的回收和无害化处置问题尚未大规模地显现出来。因此，与光伏生产、安装和运维等火热的环节相比，光伏组件废弃后的回收环节尚未受到企业的普遍关注。虽然 2017 年 10 月工业和信息化部颁布了《关于加快推进环保装备制造业发展的指导意见》（以下简称《指导意见》），提出要加快废弃光伏组件的无害化、资源化、成套化处理利用技术的研发，目前国内的部分企业也在进行废弃光伏组件的回收探索，并加入了 PV Cycle 协会。但从整体来看，我国的废弃光伏组件回收规模较小、无害化处置效率低，尚未形成完整的产业链。

三 废弃光伏组件无害化处置的外部制度约束不力

2017 年 10 月工业和信息化部发布的《指导意见》提出要加快研发废动力电池、废太阳能板的无害化、资源化、成套化处理利用技术装备，这是国家首次将废弃光伏组件的回收利用问题在政策当中予以规定，但对具体的实施尚未做出规定。我国现行的相关法律规范也难以实现对废弃光伏组件无害化处置的有效规制，如《废弃电器电子产品回收处理管理条例》虽具有一定的针对性，但该法的规制范围仅限于列入《废弃电器电子产品处理目录》的电器电子产品。而根据国家发展和改革委员会、环境保护部（现生态环境部）、工业和信息化部联合颁布的《废弃电器电子产品处理名录》（2014 年）及《〈废弃电器电子产品处理名录（2014 年）〉释义》分析，光伏组件并未纳入名录范畴。《电子废物污染环境防治管理办法》对电子废物的产生、拆解、利用、处置等过程中的环境污染问题进行了系统规范的管理；并规定了电子废物经营情况记录簿制度、明确了电子废物贮存的时间和方式；也规定了从事拆解、利用、处置电子废物的单位的定期报告制度。这些制度对废弃光伏组件的回收具有一定的规范和引导作用，但其法律位阶层次低，难以实现有效规制。《电器电子产品有害物质限制使用管理办法》旨在对境内设计、生产、销售和进口电器电子产品进行过程控制，促进电子行业清洁生产和资源综合利用，但其中不包括回收利用及处置环节。2011 年国务院办公厅颁发了《关于建立完整的先进的废旧商品回收体系的意见》，畅通生产企业间直接回收大宗废旧商品和边角余料的渠道，鼓励生产企业、流通企业积极参与废旧商品回收，逐步实行生产者、销售者责任延伸制,并于 2016 年 12 月发布了《关于印发生产者责任延伸制度推行方案的通知》,规定生产企业要统筹考虑产品材料的选用、生产、流通以及回收、处理等环节的资源环境影响,企业承担责任的范围从生产环节延伸到产品设计、流通消费、回收利用、废物处置等产品全生命周期。但如何通过框架设计引导各部门形成合力,实现产品全生命周期科学管理的问题仍在探索当中。

就立法的系统性而言,2014 年《环境保护法》作为环境基本法,明确了保护优先、风险预防和损害担责等基本原则,为废弃光伏组件的无害化处置提供了原则性的指导。《固体废物污染环境防治法》是对生产、生活中产生的固体废物进行回收利用的主要规制手段,但对于废弃光伏组件的无害化处置仍具有一定的局限性。首先,废弃光伏组件不仅有可回收利用的成分,也含有有毒有害物质,而该法并未对废弃光伏组件的性质做出规定。若将光伏组件纳入工业固体废物、生活垃圾的范畴,普通的回收利用程序就不能充分有效地利用光伏材料并减少环境污染。其次,若将光伏组件纳入危险废物的范畴,则必须符合国家危险废物名录的规定。根据《国家危险废物名录》,具有腐蚀性、毒性、易燃性、反应性或者感染性等危险特性或对环境、人体健康有影响的按照危险废物进行管理。对于不确定是否具有危险特性的固体废物,则需要按照《危险废物鉴别标准通则》(KGB 5085.7—2007)进行危险特性鉴别。而废弃光伏组件即使按照该标准经过检验,也只有很少的一部分会被视为有毒有害物质,大部分的废弃光伏组件将因为有毒物质含量少而通过检验,作为普通固体废物进入垃圾填埋场。因此,《固体废物污染防治法》只能起到原则性的规定要求。《循环经济促进法》虽旨在促进产品的减量化、资源化和循环利用,但该法明确规定对废电子产品进行拆解和利用,需要按照有关法律法规的规定。同时,对于未纳入强制回收名录的废弃光伏组件,企业并无强制回收和严格的无害化处理义务。《清洁生产促进法》确定了生态设计制度,旨在从源头减少环境污染,在产品的设计、制造、服务和使用过程中优先选择无毒、无害、易于降解和易于回收的材料,以减少污染物的产生和排放。该法对生产、流通和使用过程中产生的不合格光伏组件的无害化处置具有一定的规制和引导作用,但对于服役周期结束、正常退役的废弃光伏组件的无害化处置未做出明确的规定,具有一定的局限性。

第三节　域外废弃光伏组件无害化处置的制度考察

一　完善法律规范体系

对于光伏组件使用寿命到期后的回收处置问题，国外已经进行了立法方面的探索。如欧盟于2012年对《废弃电子电气设备指令》（Waste Electrical and Electronic Equipment Directive，以下简称《WEEE指令》）作出修订，将废弃光伏组件纳入电子废物管理范畴予以分类管理，这是域外光伏组件回收立法的重大突破，为废弃光伏组件回收处置提供了法律层面的规范引导。修订后的《WEEE指令》要求各会员国运用生产者责任延伸制度框架制定符合自身情况的废弃光伏组件回收方案。但是，欧盟并未对废弃光伏组件中的有毒有害物质进行限制，其在2011年修订的《限制在电气和电子设备中使用某些有害物质的指令》（RoHS）中明确将光伏电池板排除在外。

美国目前在联邦层面尚未制定统一的废弃光伏组件回收的专门法律，废弃光伏组件同其他类型的固体废物一样受《资源节约与回收法》（The Resource Conservation and Recovery Act）的规制。但美国已有部分州率先考虑光伏组件退役后的回收处置问题，制定了废弃光伏组件回收政策与法律规范。2015年10月，加利福尼亚州将废弃光伏组件纳入《健康与安全法典》，允许有毒物质控制部（DTSC）将废弃光伏组件作为通用废物进行管理。2017年，美国华盛顿州立法机构通过了《光伏组件管理和回收计划》（Photo Voltaic Module Stewardship and Take Back Program），旨在确保废弃光伏组件回收及处置以安全和无害环境的方式完成。《光伏组件管理与回收计划》要求该州每个光伏组件生产者必须在2020年1月1日之前或首次在该州销售光伏组件的30天内向生态部门提交一份管理计划，管理计划的内容包括回收资金、回收计划、环境保护和信息披露等。

二　明确无害化处置的义务主体

域外对于废弃光伏组件的无害化处置的立法趋势是运用生产者责任延

伸制度，如华盛顿州的《光伏组件回收与管理计划》和欧盟《WEEE指令》，由光伏组件的生产者负责废弃光伏组件的回收、处理及处置。生产者责任延伸制度下的融资机制有两种：一种是由生产者在光伏组件废弃时进行回收，并支付相关的费用，称为"生产者付费"融资机制；一种是由消费者在购买光伏组件时就支付一定的费用作为未来废弃光伏组件的回收资金，称为"消费者付费"融资机制。

在生产者付费的融资机制下，生产者可单独支付废弃光伏组件回收的成本，也可加入集体的融资计划，与其他生产者共同承担成本。加入集体融资计划的生产者依据光伏组件中所含原材料的回收利用比率支付不同的费用，且该费用会随着基础设施的建设和市场生产者的变动进行调整，当市场基础设施进一步完善，新加入的生产者就可以承担更少的回收成本。消费者付费融资机制是生产者在向消费者销售光伏组件时，根据未来废弃光伏组件的预估回收与处置成本向消费者收取一定的资金。

三 可量化的无害化处置管理目标

具体可行的回收管理目标能够促进废弃光伏组件的高效回收。为促使各成员国积极履行废弃光伏组件的管理义务，《WEEE指令》制定了分阶段的最低强制回收目标。2012年8月13日至2015年8月14日，75%的废弃光伏组件要回收，65%要准备再使用和循环利用；2015年8月15日至2018年8月14日，回收与再利用目标分别为80%和70%；从2018年8月15日起，回收和再利用的百分比分别增至85%和75%。截至2015年12月31日，所有成员国均已通过法规将《WEEE指令》转换成国内法。美国华盛顿州的《光伏组件管理和回收计划》要求制造商在制定的管理计划中明确废弃光伏组件的再利用和再循环率，并且该比率必须不得低于85%。目前，欧洲的PV Cycle协会对废弃光伏组件的回收利用率已经达到了85%，美国First Solar公司废弃光伏组件的回收利用率已高达90%。这一方面证明了废弃光伏组件回收的技术可行性，另一方面也真正实现了"从摇篮到摇篮的光伏利用"。

四 无害化处置的制度衔接

《WEEE指令》要求统一国家登记和报告要求。首先，各成员国的光伏组件生产商的登记册必须更密切地结合起来，由委员会采用统一格式提供信息。其次，各成员国应建立充分的信息渠道，以确保生产者遵守该指令的规定，并酌情向其他成员国和委员会提供信息，以促进该指令的有效执行。最后，各成员国应每年收集通过各种途径回收、准备再利用并按重量出口的废弃光伏的数量和其他信息，并每隔三年向委员会提交一份报告，以说明该指令的执行情况。美国华盛顿州《光伏组件管理和回收计划》也规定从2021年1月1日开始，除非生产者向管理部门提交了管理计划并获得了计划批准，否则任何制造商都不得在该州销售光伏组件。从2022年4月1日起，每年的4月1日，制造商或其指定的管理组织必须向生态部门提供上一年度的报告，报告应当记录该管理计划的实施情况，并评估该计划的未来实施情况。该计划还要求建立光伏组件回收账户，并由国家财务主管部门保管。从制造商处收取的所有费用，包括罚款费用、指导管理费用、审查和批准程序相关的费用等，都必须存入账户，该资金仅可用于管理废弃光伏组件的回收工作。

第四节　我国废弃光伏组件无害化处置的对策

一　完善以相关名录为核心的规范性制度

废弃光伏组件的无害化处置需要完备的法律制度体系提供规范引导，为减少和避免环境污染，必须在大规模的光伏组件使用寿命结束之前就制定出有效的预防和规制手段。

首先，更新危险废物鉴别标准。在社会经济发展过程中，自然科学与社会科学领域都发生了重大变化，应该及时更新《危险废物鉴别标准通则》（KGB 5085.7—2007），以保证其及时性和准确性。其次，根据更新后的危险废物鉴别标准，将含有严重有毒有害物质的废弃光伏组件和不排除具有危险性、可能对环境或人体健康产生影响的废弃光伏组件纳入《国家危险物质名录》，对其回收、贮存、运输、处理和处置过程予以严格的监管，以减少环境污染。再次，由于部分光伏组件因为有毒有害物质的含量较少而通过检验，为避免将其作为普通废物进入垃圾填埋场，根据废弃光伏组件的含有电子原料的属性，可将其纳入《废弃电器电子产品处理名录》，按照《废弃电器电子产品回收处理管理条例》的有关规定进行规范监管，以弥补危险废物管制的漏洞。最后，由国务院循环经济发展综合管理部门将废弃光伏组件纳入《强制回收名录》予以强制回收，这不仅明确了废弃光伏组件的回收主体，也完善了相关的回收管理程序。

二 制订废弃光伏组件强制回收处置计划

首先，应当根据光伏企业的整体情况，充分考虑废弃光伏组件材料收集、分配、库存、回收、处理、处置等多方面的安全性与挑战性，根据《电子废物污染环境防治管理办法》，并参照华盛顿州《光伏组件管理与回收计划》，制定适合生产者、运维者、消费者、第三方废物管理公司的切实可行的回收处置计划。具体包括：由商务部、生态环境部与国家发展和改革委员会联合确定废弃光伏组件的回收率和再利用率；由商务部负责电子废弃物回收监管，能源主管部门及其下属机构负责光伏产业发展的设计、规划与监管，生态环境部负责全国生态环境的保护。

其次，由各生产者根据自身的回收技术与成本在回收率范围内制定光伏回收处置计划，报商务部审批并予以执行，将回收处置计划作为制造和销售光伏组件的前提条件。回收处置计划应包括以下内容：（1）描述生产者如何为废弃光伏组件的回收系统提供资金，包括如何建立资金保障机制；（2）接受废弃光伏组件之后的管理；（3）描述计划如何最大限度地减少有毒有害物质释放到环境中，并最大限度地回收其他成分并予以处置；（4）确定向消费者、废物回收处理公司信息披露的方式和内容，以便他们以正确的方式拆除、运输和处置废弃光伏组件；（5）建立废弃光伏组件经营情况记录簿。记录簿应当如实记录废弃光伏组件的种类、数量、重量以及自行或委托第三方贮存、拆解、利用的情况等；（6）确定废弃光伏组件回收目标，废弃光伏组件的再利用和再循环重量占收集的光伏组件总重量的百分比，并且该比率必须不得低于商务部、生态环境部与国家发展和改革委员会联合确定废弃光伏组件的回收率和再利用率。

最后，由生产者按季度或按年向商务部提交回收计划实施报告，对未完成回收计划的责任主体要求其承担相应的责任后果，以迫使责任主体积极履行回收义务。同时，实行环保约谈制度和环保督查制度以加强回收监管。针对光伏组件大批量退役前后的不同情形，由生态环境部对未履行回收职责或履行职责不到位的地方政府及相关部门的有关负责人进行不同形式的约谈，指出相关问题、提出整改要求，以督促地方政府切实履行监管责任。同时，对于地方废弃光伏组件的回收处置情形，中央政府应不定时进行环保督查和"回头看"，以打破中央和地方政府桎梏，实现废弃光伏组件的无害化处置。

三　明确生产者责任双向延伸制度

生产者责任延伸制度，是指国家未来应对废弃产品问题所指定或认可的，用以引导、促进与强制生产者承担延伸责任（义务）的一系列法规规范的集合。[①] 生产者作为光伏产业的直接受益者，建立生产者责任双向延伸制度符合"谁受益，谁付费"的原则。首先，明确生产者的范围。生产者不应仅仅包括最终的光伏组件制造商，而应为光伏产业链条的所有生产商。在光伏产业链中，上游链条一般是指晶体硅原料及其加工，与其紧密联系的光伏电池及其组件封装、光伏发电系统集成和安装则构成产业链的中游环节，电力上网与电力消费环节则构成产业链的下游部分。由此，上游晶硅等产品材料制造商、中游光伏组件制造商和下游光伏电站投资商都应为光伏组件的生产者，应该承担生产者责任。其次，明确生产者责任双向延伸的范围。生产者责任双向延伸包括生产者责任的向上延伸与向下延伸。生产者责任的向上延伸即指光伏产业链条中每一环节的生产者在从上游购买光伏组件生产与组装材料时，应当坚持绿色采购，使用符合环境质量标准的材料或产品。生产者责任的向下延伸即生产者应当承担生态设计、废弃光伏组件回收利用和循环利用责任以及产品信息披露责任。具言之，生产者应将生态理念融入产品设计，在产品生命周期的每一个环节都考虑其可能带来的环境负荷，不断研发新兴技术与运维技术，延长光伏组件的使用寿命，并将产品的环境影响降到最低程度；在销售光伏组件时，生产者与消费者签订回收协议，由消费者在光伏组件使用寿命终结之后自动提交给生产者，以进行回收，并积极投入到再生产过程当中，实现产品材料的循环利用；在由专门的第三方废物管理公司进行回收处理时，生产者应当积极向废物管理公司披露组件的信息，包括光伏组件中含有的化学物质，以便废物管理公司及时更新和调整回收处置方法，减少回收成本。

[①] 唐绍均：《生产者责任延伸制度研究》，中国政法大学出版社2011年版，第113页。

四 建立废弃光伏组件回收基金

由于光伏组件回收处置成本较高，企业缺乏回收的动力，依赖政府的补贴只会给政府带来严重补贴压力，造成巨大的补贴缺口。而预先建立专门的光伏组件回收基金在一定程度上可以缓解资金问题。基于此，参考域外废弃光伏组件的处置形式，并结合我国电子废弃物的处置经验，在废弃电器电子产品处理基金下设立专门的废弃光伏组件回收基金，用于废弃光伏组件回收，充足的资金使得公司倒闭后的"孤儿组件"问题得到缓解。该基金来源于两部分，一部分由光伏生产者缴纳，如在光伏企业每卖出一套产品时，就划拨一定比例的销售收入纳入回收基金，以作为无责任主体的"孤儿组件"的备用资金，另一部分则由违反回收管理规定的罚款组成。

专题四

我国天然气长输管网管理体制改革法律问题研究[*]

我国以煤为主的一次能源消费结构引发了大气污染、雾霾与气候变化等一系列严重的环境问题。加快推动能源消费转型、优化能源结构成为解决我国环境问题的必要途径。天然气作为最为清洁、低碳的化石能源，在我国的能源结构转型和优化中扮演着非常重要的角色。天然气产业的参与者主要有生产商、管道（运输和配送）商、当地分销公司（又称当地公用设施公司）和终端用户四类。天然气管道建设和运营是天然气在我国的能源结构转型和优化中发挥积极作用的关键性因素，也事关维护我国能源安全、实现能源公平与正义的战略性事项。天然气管网的自然垄断属性在客观上要求政府在遵循市场经济规律的前提下对天然气管道的公平开放、管输价格等事项实施适当的监管。中共中央、国务院于2017年5月印发了《关于深化石油天然气体制改革的若干意见》，明确了深化石油天然气体制改革的指导思想、基本原则、总体思路和八项主要任务。中央全面深化改革委员会第七次会议于2019年3月19日通过《石油天然气管网运营机制改革实施意见》时强调，要"推动石油天然气管网运营机制改革""推动形成上游油气资源多主体多渠道供应、中间统一管网高效集输、下游销售市场充分竞争的油气市场体系"，即"管住中间，放开两头"。国家发展改革委等四部委于2019年5月24日印发的《油气管网设施公平开放监管办法》提出，要"鼓励和支持油气管网设施互联互通和公平接入，

---

[*] 本专题调研组指导教师胡德胜、王涛，组长杨焱，成员张明、刘浩、陈思源，执笔人杨焱、王涛。

逐步实现油气资源在不同管网设施间的灵活调配"。天然气管网由天然气管道及其配套或者附属设施组成，分为城镇天然气管网（通常称为城镇燃气管网）和非城镇天然气管网。城镇燃气管网正常情况下仅连接终端用户、承担配送运送业务，非城镇天然气管网除专供线路外，则通常不连接终端用户，承担各种长输运送业务。本专题主要内容为：总结并分析我国天然气管道运输管理体制改革对天然气长输管网行业产生的影响、天然气长输管网企业在改革中遇到的问题，从理论和现实层面讨论如何应对这些影响、解决这些问题。

第一节　基本认知：我国天然气长输管道概览

我国自 1963 年建成第一条输气管道——巴渝输气管道以来，天然气管道建设已经走过了近 60 年历史。截至 2018 年年底，我国已建成天然气长输管道总里程超过 7.6 万千米，初步形成了西气东输、海气登陆、就近供应、北气南下的天然气输送管网格局。就管道长度（不包括城镇燃气管道）而言，我国是世界第四大天然气管道国。随着天然气长输管道建设的推进，其运营模式也在历经变化：从三大石油公司（中石油、中石化、中海油）管理为主，三十余家省级天然气管道公司及民营企业管理为辅的条块分割、结构复杂、混乱无序的管理体制逐步向多层次、高效率的"一大、N 区、众小"格局过渡。

一　我国天然气长输管道的建设概况

自然资源部网站公布的数据显示，截至 2018 年年底，我国天然气探明储量持续快速增长，连续 14 年新增探明储量超过 5000 亿立方米。各类常规天然气和页岩气、煤层气等非常规天然气新增探明地质储量屡次突破亿立方米。与此同时，天然气在我国一次性能源消费结构中的占比也在逐年提高（如图 4-1）。

天然气上游探明储量的增加传导至下游一次性能源消费结构中占比的提高离不开中游管网基础设施建设。我国天然气长输管道工业的发展经历了两个建设高潮。第一个建设高潮在 20 世纪 80—90 年代，伴随新疆、塔里木、吐哈、四川和长庆等西部油气田的开发，中国在西部地区建成了连

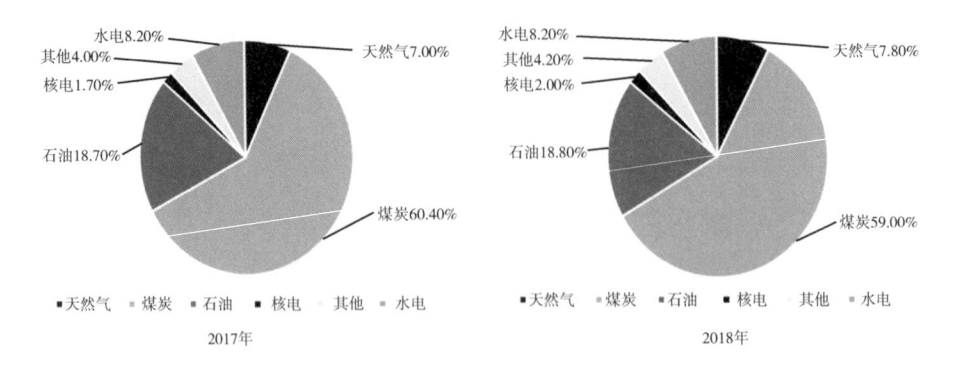

图 4-1　天然气在我国一次性能源消费结构中的占比

资料来源：中国报告网，《2018 年中国能源行业消费现状》（http://free.chinabaogao.com/nengyuan/201803/03133243912018.html.）。

接油气田和加工企业的长输油气管道和川渝输气管道。随着中国东部和西部地区天然气田的进一步开发和国外天然气资源的进口，我国天然气管道建设步入第二个建设高潮，该建设高潮的重点围绕国外天然气资源进口而展开。截至 2018 年年底，我国天然气长输管道总里程超过 7.6 万千米，形成了由西气东输一线和二线、陕京线、川气东送为骨架的横跨东西、纵贯南北、连通海外的全国性供气网络。西气东输、海气登陆、就近外供、北气南下的供气格局已初具规模，并形成较完善的区域性天然气管网（见表 4-1）。

表 4-1　中国天然气管网建设现状

名称	营运时间	长度	输气量	起点	终点
西气东输一线	2004 年 10 月 1 日	4200 千米	200 亿立方米/年	新疆塔里木油田轮南油气田	上海市白鹤镇
西气东输二线	2012 年 12 月 30 日	8704 千米	300 亿立方米/年	新疆霍尔果斯	上海、广州、香港
西气东输三线	2014 年 8 月 25 日	7378 千米	300 亿立方米/年	中亚	广东
西气东输二线轮南支干线	2012 年上半年	526 千米	120 亿立方米/年	新疆轮台县	西气东输二线吐鲁番分输联络站
涩宁兰管线	2001 年年底	953 千米	30 亿立方米/年	涩北一号气田	甘肃省兰州市
中贵线	2012 年 12 月	1636 千米	150 亿立方米/年	宁夏	贵州贵阳
中缅管道	2013 年 5 月 30 日	1100 千米	120 亿立方米/年	缅甸皎漂	云南昆明
忠武线	2004 年 12 月	1365 千米	30 亿立方米/年	重庆忠县	湖北武汉
川气东送管线	2010 年 8 月	2203 千米	120 亿立方米/年	四川普光	上海

续表

名称	营运时间	长度	输气量	起点	终点
淮武线	2006年12月	475千米	15亿立方米/年	气东输淮阳分输站	忠武线武汉西计量站
冀宁线	2005年1月17日	1498千米	100亿立方米/年	仪征青山分输站	河北安平分输站
大沈线	2011年9月	423千米	84亿立方米/年	大连	沈阳
克古线	2013年11月	359千米	40亿立方米/年	内蒙古克什克腾旗	北京密云古北口
秦沈线	2011年6月	406.13千米	80亿立方米/年	秦皇岛	沈阳
永唐秦管线	2009年6月	312.4千米	90亿立方米/年	河北省廊坊市永清县	秦皇岛市抚宁县

近年来，为响应我国能源发展战略、保障能源供应安全，在世界油气供应宽松、价格处于中低位运行背景下，我国积极铺设国外天然气资源进口管网，建设完成了西北、东北、西南三大天然气进口通道。西北通道目前主要指中亚天然气管道。中亚天然气管道A、B线并行，单线全长1833千米，分别于2009年和2010年投入运行，西起土库曼斯坦和乌兹别克斯坦边境，穿越乌兹别克斯坦中部和哈萨克斯坦南部，在新疆霍尔果斯入境，与西气东输二线衔接，每年从土库曼斯坦进口300亿立方米天然气。中亚天然气管道C线于2011年年底开工建设，全长1840千米，2014年投入运行，设计输气量250亿立方米，满输后，每年可输送550亿立方米天然气。东北通道的中俄天然气管道于2014年动工，2019年投产通气，总长约8000千米，是当今世界上最长的天然气输气管道，满负荷运转后，每年可输送380亿立方米天然气。西南通道的中缅天然气管道于2010年开工建设，2013年全线贯通，全长2500千米，每年能向国内输送120亿立方米天然气。

随着国家管网公司的成立，我国天然气长输管道将迎来另一波建设潮。根据天然气发展"十三五"规划预期目标，到2020年我国天然气干线管道总里程将达10.4万千米。根据自然资源部数据显示，"十三五"以来我国天然气干线管道总里程年均增长4000千米。截至2018年年底，天然气干线管道总里程为7.6万千米，按现有建设速度，难以完成"十三五"目标。国家管网公司的成立有助于管网统筹规划，提升管道建设速度。在"十三五"规划的最后一年，国家管网公司将发挥其独特的统筹协调优势和强大的建设能力，加快天然气干线管网建设，尽力达成规划目标。

二 我国天然气长输管道的管理体制

天然气长输管道管理体制包含两层含义：一是国家运用公权力对管网设施和管网企业进行宏观管理和监管的体制，包括国家出台专门的法律法规、确定宏观管理部门的管理职责、设置监管机构等；二是管道运营企业的经营管理体制，包括企业与用户之间的关系以及企业组织形式。

（一）宏观管理体制

我国天然气长输管道宏观管理部门多达十余个，但对管道日常建设、维护、运营等具体事项进行管理的部门仅三个，分别是国家能源委员会（以下简称"能源委"）、国有资产监督管理委员会（以下简称"国资委"）、国家能源局（以下简称"能源局"）。能源委成立于2010年，是目前我国最高级别的能源管理机构，对天然气长输管道的建设具有建议和指导权。国资委监管范围包括中央所属企业（不含金融类企业）的国有资产，新成立的国家管网公司当然受到国资委的监管。根据国资委监管职能，其对天然气长输管道的监管工作包括如下方面：指导推进管网企业进行改革和重组；对管网企业国有资产的保值增值进行监督；推进国有管网企业制度建设现代化；完善公司治理结构。能源局是我国天然气长输管道宏观管理的主要部门。能源局的天然气长输管道管理职责包括：对投资建设长输管道进行审批与核准；起草相关规范性文件；推进天然气管道管理体制改革并拟定相关改革方案；组织管道重大设备技术研发和引进消化创新等。

（二）企业管理体制

1. 国家管网公司

在国家管网公司成立前，我国天然气长输管道大部分被三大石油公司所垄断。截至2018年年底，中国石油、中国石化和中国海油的长输天然气管线总里程占比分别为69%、8%、7%。2019年12月国家管网公司正式成立，这是深化油气体制改革迈出的关键一步。国家管网公司的大部分资产来自三大石油公司，中石油、中石化、中海油的持股比例分别为30%、20%、10%；另一部分来自于国务院国资委，其持有40%的股份。国家管网公司是一家国有资本控股、投资主体多元化的新公司，由国资委列入央企序列进行管理，拥有三大石油公司全资和控股（参股）的4MPA以上国家干线管道、省级管道、LNG接受站、储气库、管道调度业务等资产。国家管网公司虽有三大石油公司的注资，但三大石油公司不会成为新公司的控股股东，无法对公司的人事任免、事项表决和日常经营管理起控制性作用，仅享有资产收益等权利。在申请管输服务时，三大公司需和其他用户公平竞争，平等地享有向国家管网公司申请管输服务的权利。

国家管网公司只经营中游垄断性业务，从事油气长输管道的统筹建设与调度运行，并依据申请提供无歧视的管输服务，不参与属于上下游竞争业务的勘探开采和配售买卖，管输服务是其唯一的收入来源。管输业务独立有利于天然气生产和供应企业的公平竞争，增加供需两侧的公平对话，提高对中游垄断环节的监管效能，更好地实现管网互联互通和第三方准入。

2. 省级管网公司

国家管网公司是我国天然气长输管道建设和运营的主力军，但我国幅员辽阔，天然气消费市场巨大，仅靠国家管网公司难以满足日益增长的市场消费需求，还需要省级管网公司对省际和省内天然气资源进行有效调配。

目前，全国共20余个省、自治区、直辖市成立了省级天然气管网公司。湖南、江西、山东等省还成立了多家省级管网公司。典型省级管网公司包括广东省天然气管网有限公司、浙江省天然气开发有限公司、上海燃气有限公司、北京燃气有限公司等。这些省级天然气管网公司大多由当地能源集团或投资集团控股，部分省级管网公司由天然气上游供应商参股，实际控制人多为地方政府。

国家管网公司成立后，省级管网公司将何去何从还尚不明确。多数省级管网公司的业务范围集天然气管输和销售业务于一体，在当地的管输、销售市场有着较高的占有率。例如，上海燃气公司、北京燃气公司的市场占有率均超过90%；湖北省天然气发展有限公司、陕西省天然气股份有限公司的市场占有率均超过60%。一些省级管网公司还积极参与上游天然气的勘探开发业务。例如，江西省天然气控股有限公司成立了页岩气投资有限公司。按照"上游供气商能否直接与下游用户直接交易"以及"区域管网建设运营是否为特许经营"的标准，省级管网运营模式可大致划分为以下三类（如图4-2）：一是以浙江省为代表的统购统销模式。管网公司在政府授权下特许经营省内天然气管网建设和运营，同时参与上游气源采购和下游天然气销售市场的开发。形成"全省一张网，多气源供应"的格局。天然气供应商无法和下游用户直接交易。二是以广东省为代表的允许代输模式。政府授权管网公司特许经营当地天然气管网建设及运营,省级管网公司统一采购气源并销售给城市燃气公司,省内大工业用户可直接与供气商签订供气合同,由省级管网公司提供代输服务,并收取管输费用。三是以江苏省为代表的开放运营模式。上游供气商可与下游用户直接签订购销合同,既可以选择由省级管网公司提供代输服务,也可自行建造管道,省内管网建设运营主体多元化。

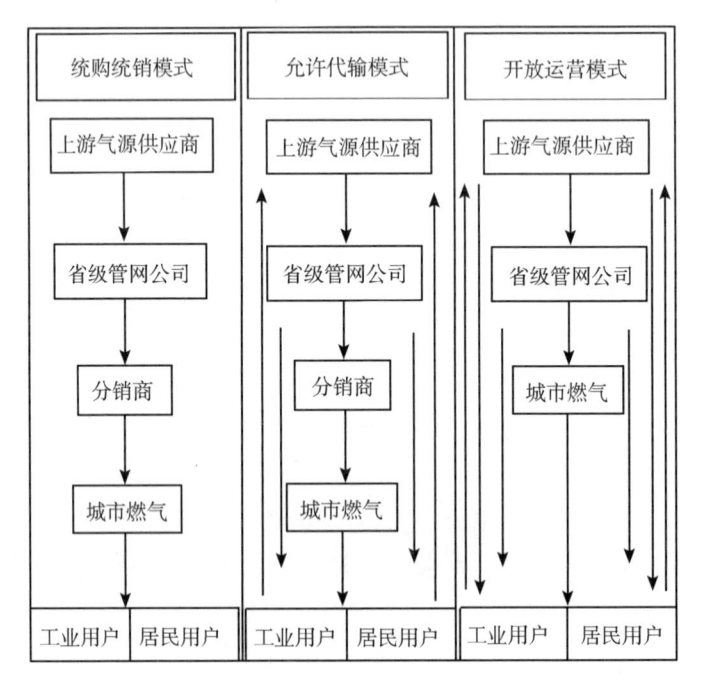

图 4-2 省级管网运营模式分类

(三) 管理体制演变

随着国家管网公司的成立,我国天然气长输管网企业管理体制将发生重大变革;由三大石油公司管理为主,十余家省级管网公司和其他民营企业管理为辅的条块分割、结构复杂、混乱无序的管理体制逐步向多层次、高效率的"一大、N 区、众小"格局过渡。"一大"是指国家管网公司。国家管网公司所有的管道主要自来三大石油公司。其拥有全国 90% 以上的基础干线管道和支干线管道,预计输气能力将达到全国总能力的 80% 左右。"N 区"是指各区域管网公司也就是省级管网公司。结合国家管网公司成立的初步进展和各省级管网公司的股权构成,三大石油公司之前参与的省级长输管道业务将并入新成立的国家管网公司。对于其他主体投资建设的省级管网公司短中期内将继续存在，这样就有 N 个省级管网公司，对省内管道进行管理运营。"众小"是指各省内的支线管道公司。除了省级管网公司外，各省内还有一些支线管道公司，这些支线管道公司大多负责"最后一千米"的管线建设，其中部分公司也拥有省内城际之间的天然气运输管道。考虑到这些支线管道的专用性和股权构成，预计支线管道公司将继续长期存在。

按照《关于深化石油天然气体制改革的若干意见》（以下简称《意见》）要求："改革油气管网运营机制，提升集约输送和公平服务能力。分步推进国有大型油气企业干线管道独立，实现管输和销售分开。完善油气管网公平接入机制，油气干线管道、省内和省际管网均向第三方市场主体公平开放。"整合三大石油公司管道资产的国家管网公司，将独立运营，向第三方公平开放。省级管网公司的改革方向主要有以下三种可能。

一是成为国家管网公司控股子公司或参股公司。目前三大石油公司对十余家省级管网公司持有股份，按照"国有大型油气企业在省级管网公司所持股权，全部纳入国家管网公司"的要求，三大石油公司在省级管网公司持有股份超过半数时，该省级管网公司即成为国家管网公司的控股子公司，不足半数的则为国家管网公司的参股公司。省级管网公司如果成为国家管网公司的控股子公司，其在法律上独立于国家管网公司，并拥有独立而完整的公司管理组织体系，在经营方面具有较大的自主性和灵活性。但与此同时，其经营活动须受国家管网公司的间接控制，服从母公司的总体战略规划和利益需求。具体来说，一是践行国家管网公司成立宗旨，剥离天然气销售业务，仅提供管输服务，并向第三方无歧视开放；二是管道建设规划、标准等要符合国家管网公司的规定；三是输配费用由省级及以下人民政府进行监管。对于国家管网公司参股的省级管网公司而言，其经营管理模式与继续单独存在的省级管网公司相同。

二是成为国家管网公司省级分公司。按照"鼓励地方以省级管网资产入股国家管网公司"的要求，之后并入国家管网公司的省级管网公司极可能会成为国家管网公司的省级分公司。成为省级分公司后，其在法律、经济上便失去了独立性，不具备法人资格，仅是国家管网公司的附属机构，并且在业务往来、人事人面、资金调度等方面受到国家管网公司的支配。具体来说，其只能提供管输服务，并向第三方主体公平开放，不能参与下游终端市场业务;其管输服务费由国家管网公司统一制定,并由中央政府进行监管;管网建设规划和标准等由国家管网公司统一制定。

三是继续单独存在。对于那些国家管网公司控股、参股或成为其分公司以外的省级管网公司来说,它们在未来或将继续单独存在。但按照《意见》要求,这些省级管网公司的经营模式也将与国家管网公司的控股子公司相似:一是剥离下游销售业务,仅提供管输服务,并向第三方主体提供无歧视管输服务;二是服从国家管网公司的统一规划和资源调度,实现管网互联互通;三是管输费用接受地方政府监管。根据改革方向和目前实际情况来看,随着国家管网公司的成立,单独存在的省级管网公司势必受到来自国家管网公司延伸至其运营区域内的竞争与挑战,生存压力将不断增加。

(四) 法律政策缕析

1. 天然气长输管道规范依据梳理

本专题数据主要以北大法宝法律数据库、威科先行数据库、无讼法律数据库等为信息源,首先以"油气管道""天然气管道"等与天然气长输管道法律政策演变内容相关的词进行法律法规的检索,再分别对文件全文进行搜索甄别,筛选出与本专题相关的法律政策演变的合适文本。除此之外,通过访问国务院网站、国土资源部以及国家发改委等国务院机构网站,对前述文本进行补充,以求本专题内容的充实可靠。

另外,为了使文本的选取有效且具有较强代表性,本专题数据的选取还设置了以下条件进行二次筛选:第一,来源及效力级别包括全国人大及人大常委会颁布施行的法律、国务院及国务院各部委在内的国家层面的行政法规、部门规章及其他规范性文件,不包括地方性法律政策文件,因为地方性政策文件一般是对国家层面政策文件的细化与落实,具有较强的地方性色彩;第二,选择文本时紧扣"天然气管道"相关文件,剔除了泛指性的内容;第三,文本内容聚焦于天然气管道运营、管道建设、管道保护及管道的安全监管四大类内容,删减了管道与水利、林业、文物、文史等与本专题不相关的规范性文件;第四,此节整理的文件仅限现行有效的文件。基于以上条件,筛选出样本文件共 20 份。

对筛选出的 20 份样本文件进行分析,从制定部门来看,20 份规范性文件分别由 8 个部门单独或共同制定,其中,国家发改委参与制定的文件数最多,从侧面说明天然气长输管道管理运营事关我国发展进程和改革方向；从效力位阶来看，这些规范性文件的效力层级较低，主要靠部门规章和其他规范性文件进行调整，行政法规缺位；从规范内容来看，主要对天然气长输管道建设、管道保护、管输价格、管道互联互通和公平开放等方面进行调整。

2. 天然气长输管道规范依据演变进程

（1）探索起步阶段（1978—1989年）

我国第一条天然气长输管道建成于1963年，之后的15年内我国天然气长输管道一直处于规范依据真空时期。直到1978年5月，交通部（已撤销）、石油工业部（已变更）发布了第一份与天然气长输管道相关的部门规范性文件——《关于处理石油管道和天然气管道与公路相互关系的若干规定（试行）》。该文件虽是调整管道与道路之间的关系，但管道安全距离的限定和管道施工责任的划分等内容对天然气的正常输送有着积极意义。1989年3月国务院颁布了首部专门调整油气管道的《石油、天然气管道保护条例》（已失效）。它在管道的安全保护、管道与其他建设工程相遇时的关系处理等方面做出了规定，提高了民众对天然气管道保护的重视，推动了天然气产业的发展，并为制定后续法律法规奠定了基础。

（2）针对性发展阶段（1990—2009年）

1990—2009年是我国天然气长输管道规范依据的针对性发展阶段。这一时期出台的相关文件主要侧重于以下三点：一是天然气管道运输价格的调整。如1997年3月国家发改委（含原国家发展计划委员会、原国家计划委员会）颁布《国家计委关于调整天然气管道运输价格的通知》对天然气管道运输价格进行调整。二是加强天然气管道保护。在《石油、天然气管道保护条例》颁布后，天然气管道破坏现象虽得到遏制，但仍不容乐观。破坏、侵占油气管道的事例仍时有发生，甚至造成了一系列严重事故。为有效解决这一问题，国家经济贸易委员会（已变更）于1999年4月颁布了《关于加强石油天然气管道保护的通知》，强化石油天然气管道的保护。除此之外，国务院于2001年8月重新发布了《石油天然气管道保护条例》（已失效），细化管道保护规定。三是重视对管道运行本身的安全监管，主要体现在国家安全生产监督管理总局（原国家安全生产监督管理局）针对管道运行安全监管制定的一系列规范性文件中。

（3）高速发展阶段（2010年至今）

经过前两个阶段的建设和积累，我国天然气长输管道规范依据迎来了高速发展阶段。这一阶段出台的规范性文件主要侧重于对原有管道建设成果的保护、提高天然气产业市场化程度、打破自然垄断的禁锢，从而促进天然气产业健康有序发展。例如 2010 年 10 月 1 日起正式实施的《石油天然气管道保护法》与 1989 年颁布的《石油、天然气管道保护条例》相比，采取了更为严密和系统的方式保护石油天然气管道，保障石油天然气输送安全和公共安全，以更高位阶的法律形式来保障国家能源供给安全；2014 年能源局发布的《油气管网设施公平开放监管办法（试行）》（已失效）为扩大天然气上下游市场，首次对天然气管网设施的公平开放作出规定。2019 年国家发改委和能源局等部门联合发布的《油气管网设施公平开放监管办法》，通过细化天然气管道企业将其管网设施向第三方主体公平开放的责任以及各方主体在管网设施公平开放中所需承担的义务，使得管网设施的公平开放更具有可操作性，从而加快管输独立步伐和天然气产业上下游的市场化进程。

第二节　法律问题：我国天然气长输管网管理体制改革的法制制约

一　管道设施公平开放制度施行困难

天然气管道设施公平开放，是世界各国在天然气管道运营机制改革中的重要举措。管道设施公平开放的目的在于打破中游管输环节自然垄断，促进上下游市场主体多元化发展，实现能源公平和正义。2014 年，能源局和国家发改委先后颁布《油气管网设施公平开放监管办法（试行）》（以下简称《办法（试行）》）和《天然气基础设施建设与运营管理办法》（以下简称《管理办法》）两份文件，首次提出了管网设施向第三方市场主体公平开放，拉开了我国天然气管网设施公平开放的序幕。

2019 年 5 月 24 日，国家发改委、能源局、住建部和国家市场监督管理总局四部联合印发了《油气管网设施公平开放监管办法》（以下简称新版《办法》）。新版《办法》强化了管道企业向第三方主体公平提供管输服务的主体责任，同时还规定了第三方主体申请开放时应承担的义务，维护管道运营企业和管输用户的合法权益，明确了政府监管的职责要求，使公平开放制度更具有可操作性，标志着我国天然气管道设施公平开放制度翻开了崭新一页。

从《办法（试行）》的颁布到新版《办法》的实施，经过这5年多的探索与实践，管道设施公平开放制度在部分油气管道和LNG接收站进行了相应试验，相关企业的公平开放意识不断增强，但总体的开放程度仍然有限。通过调研发现的问题集中在以下方面：

（一）上游市场准入限制，中游开放需求不足

天然气管道的公平开放，需要一定数量的上游主体。上游常规油气资源基本被"三桶半油"（中石油、中石化、中海油、延长石油）掌控，进口管道气资源垄断在中石油一家企业手中。国家发改委、商务部在2019年发布的《外商投资准入特别管理措施（负面清单）》中取消了石油天然气勘探开发限于合资、合作的限制，有利于外资和民营企业的上游市场准入。但是这在短期内不会撼动石油天然气上游勘探开发市场的基本格局。企业要想进入天然气上游勘探开发环节，必须具备相应的资质条件，依据《矿产资源法》先行向国务院提出申请，由其批准并发放油气勘查或开采的许可证后，才可以取得天然气的勘探开发权。目前，国务院批准的符合资质的企业只有上述四家。这就使天然气上游市场长期处于垄断之中，大部分企业即使像中国化工这样的大型国企也难以进入天然气上游勘探开采领域。另一方面，我国有近八成页岩气的分布区块与常规天然气相同，重叠部分的页岩气开采权按照申请在先原则，早已被先登记的公司获取。部分企业在不具备勘探开采常规天然气资格的同时，由于《矿产资源法》规定的探矿权、采矿权登记管理办法以及气源重叠的客观因素，也失去了非常规天然气的勘探开采权。

（二）管道设施建设滞后，中游开放能力不足

截至2018年年底，我国天然气干线管道总里程达到7.6万千米，形成了以西气东输、陕京线、川气东送、中缅天然气管道、永唐秦管道为主的天然气主干网络，以冀宁线、兰银线、忠武线、中贵线等联络线为主的联络管道，实现了川渝、长庆、西北三大产气区与东部市场的连接，完成了储气库、LNG接收站、主干管道的联通，打通了西北、西南及东部沿海三大进口通道。西气东输、海气登陆、就近供应、北气南下的供气格局已初具规模。近年来，我国天然气管道基础设施建设取得了巨大的进步，但与国家整体经济发展水平相比仍有一定的差距，难以完成国家天然气发展

规划。此外，截至 2018 年年底，我国人均管线长度为 0.5 米，低于全球人均 1.11 米水平。美国国土面积与我国相当，但美国天然气干线管网总里程达 49 万千米，人均 1.5 米，是我国的 3 倍。我国管道设施建设起步晚，国内天然气市场发展速度高于管道设施的建设速度，从而导致了管道向第三方市场主体开放时，剩余能力不足的问题。除此之外，管道的互联互通性差，不同的管道建设主体间缺乏"一张网"的统筹调度运行机制，各类资源与市场衔接失效，大大降低了中游管道的开放能力。

（三）相关法律法规缺位，中游开放规则不足

我国先后发布的一系列管道设施公平开放相关规范性文件都属于部委发布的行政规章或行政指导，以办法、通知等形式为载体，规制的效力层级不高，无法对更高级别的法律甚至相同级别的部门规章进行修正，难以形成内在完善的法律规范体系。例如，《管理办法（试行）》未将"最后一千米"的城镇燃气管网设施纳入公平开发的监管范围。究其原因，除了城镇燃气管道运行具有自身特点外，还在于城镇燃气特许经营制度与公平开放制度有着根本的冲突。城镇燃气特许经营制度由全国人大颁布的《行政许可法》和国家发改委等部门颁布的《基础设施和公用事业特许经营管理办法》调整，新版《办法》作为部门规章无法变更上述法律法规。

二 现行天然气管输费收取标准缺乏科学性

2017 年 5 月，中共中央、国务院印发《关于深化石油天然气体制改革的若干意见》（以下简称《若干意见》），明确提出分步推进国有大型油气企业干线管道独立，实现管输和销售分开。2019 年 3 月，中央全面深化改革委员会第七次会议通过了《石油天然气管网运营机制改革实施意见》（以下简称《实施意见》），强调推动石油天然气管网运营机制改革，要坚持深化市场化改革、扩大高水平开放，组建国有资本控股、投资主体多元化的石油天然气管网公司，推动形成上游油气资源多主体多渠道供应、中间统一管网高效集输、下游销售市场充分竞争的油气市场体系，提高油气资源配置效率，保障油气安全稳定供应。按照"管住中间，放开两头"的原则推动天然气管输与销售相分离已经成为天然气管理体制的趋势和任务。然而，一个不容回避的问题是，管输企业独立后，如何设立科学合理的管输费用？

根据《天然气管道运输价格管理办法（试行）》[以下简称为《管理

办法（试行）》]第8条的规定，现行管网运输价格的定价机制是"准许成本加合理收益"。在这一定价机制下，由政府主管部门依据《天然气管道运输定价成本监审办法（试行）》[以下简称为《监审办法（试行）》]第6条对管道运输企业的成本进行监管和审计，以年度财务会计报告、会计凭证、账簿为基础核定管道运输定价成本。《管理办法（试行）》第9条规定，准许成本包括折旧费、摊销费、运行维护费；准许收益是以管道运输企业的固定资产净值、无形资产净值和运营资本的三者之和乘以准许收益率，当管道负荷率不低于75%时，即管道的实际输气量占设计输气能力的75%及以上时，准许收益率为8%。在核定管道运输企业的准许成本、准许收益，并充分考虑税收因素后，确定该企业的年度准许总收入，再根据《管理办法（试行）》第10条的规定以企业年度准许总收入除以年度总周转量确定管道运价率；依据《监审办法》第19条的规定，以管网运输企业上一年总成本除以管道总周转量（该管道实际运输气量乘以平均运输距离再乘以总管道数量）计算单位定价成本，单位定价成本再加上一定比例的利润，构成了管道运价率。

值得注意的是，从受调研的天然气销售公司反馈的信息来看，现行定价机制在实施过程中存在单位定价成本核定不科学，从而导致管道运输企业利益受损的问题。《管理办法（试行）》的实施将之前"成本加合理利润"的定价模式改为"准许成本加合理收益"，后者的核心内容之一就是对成本的核定由以前对单个项目进行成本预估变为以实际输气量为基础核算成本，即《监审办法（试行）》第19条关于单位定价成本的规定，单位定价成本的高低对确定管道运价率至关重要。然而，问题在于，管道运输企业在修建管线时的重要依据是市场对天然气的多年平均需求量而非实际运输量，而核定成本时只考虑实际运输量，造成管道总周转量和单位定价成本低于企业实际单位天然气运输成本，并最终导致管道运价率的不合理降低。该天然气销售公司反映，在政府核定运输成本之后，管输费用由0.16元至0.12元降至不足0.1元，企业不仅需要负担管道建设成本，还要安排巡查人员、抢险人员，现在管输费用突然降低，对企业冲击较大。

三 统一建设、统购统销省网运营模式增加管输成本

省级管网公司的设立初衷在于统一规划建设省内天然气管道、实现省内天然气统购统销，提高天然气利用率。但从实际效果来看，省级管网公

司统一建设、统购统销的经营方式，成为阻碍其设立初衷实现的最大障碍。

如前文所述，按照"上游供气商能否直接与下游用户直接交易"以及"区域管网建设运营是否为特许经营"的标准，省级管网公司的管理模式可以分为统购统销、允许代输和开放运营三类。通过文献收集和实际走访调研获取的信息可得知：开放运营模式下的江苏省天然气市场发展较快。其天然气从省门站到下游终端用户产业链环节较少，上游天然气供应商可直接向下游电厂、化工工业用户供气。这两类工业用户的用气终端价格较其他非直供用户低44%。直供用户的价格优势推动了江苏省天然气市场的快速发展，截至2018年，江苏省天然气表观消费量达271亿立方米，位居全国第一；允许代输模式下的广东省终端用户用气价格差异较大。2008年，广东省成立省级管网公司，确立了统一建设、统购统销模式，天然气管网覆盖21个地级市，年输气能力达600亿立方米。2011年，广东省实施省网向第三方开放制度，省级管网的运营模式由单一的统购统销调整为允许代输和统购统销相结合的方式。大型工业用户可直接与上游天然气供应商交易，由省级管网提供代输服务，有效地降低了终端工业用户的用气成本。通过省网代输的直供终端用户用气价格比经省网统筹调配，由城市燃气公司供气的终端工业用户用气价格低78%左右；统购统销模式下的浙江天然气市场发展滞后。浙江省级管网统一从上游购买气源，再由其统一调配输送至下游终端用户。省级管网直接与下游县市门站、电厂门站等大用户门站相连接，从省门站到终端用户的中间环节较多，工业用户用气成本较高，制约着浙江省天然气市场的发展。

从上述实际情况来看，省级管网统一建设，统购统销的运营模式增加了中间运输环节，提高了工业用户的用气成本，抑制了天然气消费市场的发展。一些气电大工业用户与长输管道卸载端只相距几十千米，本可自行建造管网，按省门站价从上游供气商直接采购气源，却因为省管网统一建设、统购统销的要求，被迫支付省网管输费用，减少了天然气消费的经济性。统购统销模式还导致了省管网在产业链上的强势介入，抑制了上游供气商降价的积极性。如2015年夏天，中石油与中国石化各自主动为江苏省所有直供工业用户提供0.3元/立方米的折扣，但出于对浙江省网统购统销特性可能导致降价无法完全传导至终端用户的担心，同样的优惠政策并未在浙江省实施。受此影响，2015年江苏省用气消费量大幅增长，而浙江省的用气消费量却下降明显。

四　管网设施保护体制机制不健全

2010年10月，《石油天然气管道保护法》（以下简称《管道保护法》）正式实施，各级政府和管道企业依法打击打孔盗油气、挖掘破坏管道等行为，开展了大规模的隐患整治行动，使曾经一度恶化的管道外部安全形势大为改观，保障了油气输送安全。但与此同时，城乡建设速度的加快使得经济发展与管道保护的矛盾日益突出。数据显示，近年来油气管道存在各类安全隐患高达2.9万处，其中占压和安全距离不足问题超过2/3，极大地增加了第三方施工破坏管道从而引发事故的风险。自2013年以来，先后发生了青岛"11·22"管道泄漏爆炸事件、大连"6·30"管道爆裂大火事件、中卫"7·21"天然气管道泄漏事件等。这一系列事件暴露出我国天然气管网设施保护体制机制的不健全之处。

《管道保护法》第5条规定："县级以上地方人民政府及其他有关部门依照有关法律、行政法规的规定，在各自职责范围内负责管道保护的相关工作。"从该条规定可知，除了管道运营企业和管道管理部门（能源局）外，县级以上地方人民政府和有关部门，如安全监管部门、交通部门、工商部门等都有保护天然气管道的责任。但从当前现状来看，天然气管网设施的日常保护工作主要靠天然气管道企业和能源局负责，与政府其他有关部门缺乏联动机制，未能形成保护合力。除此之外能源局与管道企业的沟通不够，互通信息较少，无法进行有效监管。在管道项目规划建设施工过程中，管道企业不积极主动报备管道竣工测量图等相关资料，造成政府在制定经济发展规划和审批第三方工程建设申请时缺乏相关有效信息，从源头上导致了管道交叉、重叠，各类道路交通、河道整治、土地平整、工业园区、居民小区等大型项目的规划建设与管道保护相冲突。此外，管道企业和政府在应急预案制定、应急处置演练、专项打非治违等方面未能有效协调联动，缺乏联合应对管道事故的演习经验。

管网设施保护体制机制存在问题，反映出我国油气管道法律规范体系的不健全。与美国相比，我国缺少相关配套法规、规章，没有形成内在完整的法律规范体系。美国从20世纪中叶开始，陆续颁布了一系列关于危险液体、管道检测、管道保护等的法律和附属法规，涉及管网设施保护各个环节。我国目前仅有一部十年前颁布的《管道保护法》调整天然气管道保护工作,缺少其他专项法律法规对管道保护管理过程中存在的问题进行细化说明。以管道保护所需经费为例,《管道保护法》规定了管道保护所必需的经费,但没有规定具体金额,也没有相应的法规规章进行说明,在日常监管工作中缺乏可操作性。

第三节 域外典型:美国天然气长输管网管理体制总览

从世界范围来看,一个国家或地区现存的天然气管道管理体制受以下三个因素的影响:一是国家经济体制,也可以说是该国经济的市场化程度;二是天然气行业的发展阶段;三是国家确定的天然气行业发展目标。依据这三个因素可以将世界现存天然气管道管理体制划分为三种典型模式,分别是以美国为代表的北美模式,其实现了独立监管、独立运营、公开准入,是目前较为成熟的天然气长输管道管理模式;向管网独立运营、公开准入逐渐过渡的欧盟国家模式;坚持上中下游一体化经营的俄罗斯模式。本专题将讨论天然气长输管道管理体制较为成熟的美国模式。

一 美国天然气长输管网道的建设成就

第二次世界大战以来,美国一直是全球最大的天然气消费国和生产国之一。天然气供应能力超过 8318 亿立方米;天然气消费量达到 8171 亿立方米;共计修建了长达近 49 万千米的天然气长输管道,管道长度居于世界首位,也是管道技术最为先进的国家。

(一)天然气长输管道建设概述

1891 年,美国修建了第一条管道——从印第安纳油气区到芝加哥的 120 英里管道。但直到 20 世纪 30 年代,随着天然气管道技术的成熟,美国天然气长输管网建设发展才真正开始。1931 年,美国天然气公司建成德克萨斯州潘汉德到芝加哥长达 1600 千米的输气管道,正式拉开了美国天然气长输管道建设序幕。第二次世界大战之后,在美国国内经济高速发展的同时,为满足上下游天然气消费市场需求,天然气管道建设也大规模展开。美国政府将第二次世界大战期间建成的"大英寸"和"小英寸"(石油管道)管道进行拍卖并改为天然气运输干线,提高国内天然气运输能力，从而带动了上游生产和下游终端消费市场的发展。20世纪40年代到70年代是美国天然气管网建设的高速发展期。在这一时期，美国48个州全部通气，并实现了天然气管网的互联互通，推动其国内天然气市场的大发展。从20世纪70年代开始，美国天然气管网建设进入平稳发展期。

美国天然气长输管道形成了一个集输配一体化高度集成的网络，天然气管道系统大致可分为11条管廊带。其中5条管廊带主要连接路易斯安那州、德克萨斯东部、墨西哥湾和美国东南、东北部；2条管廊带始于落基山脉地区，流向美国西部和中西部；4条管廊带由加拿大流向美国东北部、中西部和西部市场。美国州际管道总长度约39万千米，占全国长输管道总长度的71%；州内管道总长度约占美国天然气管道总里程的29%。州内管道公司一般负责多个州内管道系统运营，各个管道系统之间相互独立，不受联邦能源管理委员会（FERC）的管辖。

长期以来，美国国内天然气资源主要分布在阿拉斯加靠近北冰洋沿岸地区和墨西哥湾沿岸。在"页岩气革命"的推动下，靠近宾夕法尼亚州和西弗吉尼亚州的东部地区逐渐成为美国主要的页岩气生产区，特别是该地区的马塞勒斯是美国最大的页岩气产区，为了把页岩气运输到美国东部的液化工厂加工后用于出口，美国近年来加快天然气管道修建速度，近3年的管网建设增速超过10%。

（二）天然气长输管道运营商

美国天然气市场处于完全竞争状态，所有天然气企业均为私营公司。排名前30的大型天然气公司掌握着国内约75%以上的州际管道，其中，Kinder Morgan（金德摩根）、Enterprise（ETP）、ONEOK是美国最主要的天然气长输管道运营商。

金德摩根是美国最大的中游管道公司，也是美国最大的天然气管道和储气库运营商。公司拥有股权的管道长度达到14万千米（包含石油及天然气管道），拥有全美天然气管道总长度占比超过28%；ETP公司是美国的大型管道运营公司，拥有管道长度达5.1万千米，主要承担输送天然气、天然气凝析油的职责，除了管道以外，该公司还有30亿立方米的天然气储气能力以及24个天然气加工厂（液化工厂）；ONEOK公司近年来成为美国天然气管道公司内的新秀，其拥有的天然气管道里程超过3万千米，同时拥有6个地下储气库，8个天然气加工厂（液化工厂）。

二 美国的天然气长输管道管理体制

(一) 管理体制演变

在美国天然气市场发展早期,从天然气上游生产到下游消费需要经过多个环节:上游供气商把天然气销售给中游管输公司,管输公司把天然气销售给地方输配公司,再经过输配公司将天然气销售给下游终端用户。天然气的销售价格由联邦政府严格控制,经过输配公司销售给终端用户的价格由地方政府把控。行政管理几乎渗透天然气产业的各个环节。政府不仅管理着中游的自然垄断环节,还对上下游自然竞争环境进行管理。过多过严的政府管控使美国天然气公司无法自由展开竞争,天然气价格和消费市场处于畸形发展之中。20世纪末期,美国依据规制经济学原理开始了现代天然气管理体制改革。1985年,美国联邦能源监管委员会颁布第436号令,拉开了分离管输业务和销售业务的序幕。该法令促使州际管道运输公司分离管输业务和销售业务,引入市场竞争机制,为天然气用户提供更多选择。它还第一次提出了将州际运输管道向第三方主体开放,本地的工业大用户和分销公司可不经州际管道公司直接向上游供气商购买气源。但值得注意的是,该规定仅仅是鼓励而非强制天然气管道公司提供第三方准入服务。1992年联邦能源监管委员会颁布第636号令。该条令强制要求州际管道公司将自身销售业务与管输业务分离,建立独立的销售企业处理天然气销售业务。该条例通过对管道使用权的约束,消除了州际管道公司在大批量天然气供应上的不正当竞争。除此之外,它还设计了管输费的计算方法,引入了管输合约转售机制,即允许管输服务对象从其他拥有管输剩余能力的托运商处购买管输能力。除这两部法令外,美国还出台了其他促进天然气市场扩展的规范性文件,例如《清洁空气法》等。

(二) 管道管理体制

美国对天然气管道的管理分为国家、区域、州三个层级进行。在美国国家层面,美国运输部(DOT)对油气管道行业进行管理。隶属于运输部三级单位的管道安全办公室负责对管道运行的安全监管。联邦能源监管委员会、运输安全局、土地管理局等部门负责对管道的规划、选址等环节进行监管。在地方上,管道安全办公室设立了五个区域管道安全办公室,分别负责各自管辖内的管道运行安全监管。每个州的公共事业委员会负责协助区域管道安全办公室的监管工作。

1. 管道管理部门

美国天然气管道管理部门主要有 7 个。其中管道安全办公室负责管道的运行监管，其职能包括查收管道公司有关管道安全状况的年度报告，构建管道泄漏事故责任制，要求管道公司对管道设施进行有效保护，对高风险地区管道进行安全评估；联邦能源监管委员会负责管道项目选址、管道建设的审批、管输价格的监管等，是居于首要和主导性的监管部门；运输安全局负责天然气管道的安全运行，侧重于预防人为的管道破坏行为，防止针对管道的恐怖袭击；国家运输安全委员会负责专项调查管道事故；土地管理局负责建设管道建设的路由许可；环保署负责管道的环境应急处置工作；能源部是美国天然气产业政策性和宏观管理部门。

2. 监管部门的权力

美国是联邦制国家，根据联邦宪法规定，各州政府负责管理其州内的经济活动；州内天然气产业的商业活动当然由各州政府进行监管。联邦能源监管委员会负责监管州际管道的经济活动包括运输和天然气管输价格等事项。州内管道的经济监管则由本周内的公共事业委员会负责。在某些既进行天然气生产活动也提供天然气输配服务的州存在两个委员会；天然气委员会负责天然气上游开采、工程、环境等安全监管；公用事业委员会负责下游城市配送领域的监管。

监管机构的权力并非无限，其作为独立监管的政府部门，只能实施规则性监管，并且受到第三方机构的控制。美国通过介入独立的第三方来对联邦能源监管委员会和公共事业委员会实施控制，防止其滥用监管权力。第三方可以是监管机构的上级法院，也可以是制定政策的政府机构。其中，上级法院可以在更广泛的范围内审查监管机构做出的决策，使其在事实上成为制定监管决策的另外一级机构。

3. 管输费监管

美国 1938 年《天然气法》授权联邦能源监管委员会对州际天然气运输实施管制。联邦能源监管委员会主要通过组织价格听证会形式来确保管输费的合理和公平。在听证会期间，提供管输服务的公司须提交详细的成本数据和服务等级，以证明管输定价的合理性。与此同时，相关单位可参与听证会向联邦能源监管委员会陈述管道公司提供的相关资料是否真实合理。联邦能源监管委员会通过四个步骤来核定天然气管输费。一是确定管道公司服务总成本。服务总成本主要包括管道操作和维护支出以及所得税、折旧、摊销等其他必要支出。这也是管道公司提供公用事业服务所应回收的全部成本。联邦能源监管委员会按照公司近十二个月的实际成本历史数据确定服务总成本，并且根据未来九个月的变化情况随时调整。二是将这十二个月的总成本分别计入提供管输服务所需成本的计费阶段，如储存费、输送费。三是根据联邦能源监管委员会的监管目标，将总成本划分为可变动成本和固定成本。可变动成本结合天然气的输送距离，按照商品运输量进行分配；固定成本根据要求保留的运力分摊。四是确定单位运费。可变动成本和固定成本分别除以各自的气量单位，其结果便为管输费率。

管道运输公司的管输费采取两部制收费方式，一部分是较高的管输能力费用，反映的是在总成本中所占比例较高的管道不变成本；另一部分是天然气商品费用，与所占比例较小的可变成本相关。一般情况下，根据服务成本法确定管输费。同时，联邦能源监管委员会也允许采用协商运价，即运费可以固定或者浮动，以满足市场竞争的需要。近几年来，许多新建管道项目采取协商运价。

4. 第三方准入

为了防止管道运输企业滥用自然垄断的市场优势地位操纵价格和限制管网其他使用者的公平进入，联邦能源监管委员会采取以下措施：第一，管输服务条款，包括管道公司提供管输服务的义务、天然气的计量和质量、客户的财务资信等，须征得联邦能源监管委员会的批准，并且这些资料免费向公众开放；第二，禁止管道企业和天然气销售公司（包括上游生产商和下游销售商）之间交叉持股，以防止管输不独立导致管道在向第三方主体公平开放时，企业进行暗箱操作，无法做到公平开放；第三，为确保管道企业向所有第三方主体提供无歧视的管输服务，在有剩余管道运输容量的前提下，所有天然气企业都有权要求管道企业提供管输服务，而在运输容量有限且要求提供管输服务企业过多时，则采取按比例分配的办法；第四，确保管道企业的生存能力，使其能获得合理回报，以便提供长期稳定的天然气管输服务，并在市场需求增加的情况下，具备提高运输容量和扩大服务范围的经济实力。

5. 管道安全防护

为保障天然气长输管道的运行安全，美国制定了完善的法律规范体系。1968年，美国制定了第一部油气管道安全防护法律《1968年天然气管道安全》，目前已经过四次修改。此后，美国还陆续颁布了7部支撑油气管道安全监管的法律，有效降低了管道事故率。管道安全管理、相关规范和最低标准的制定主要由运输部负责，运输部下辖的管道安全办公室负责管道安全监管，包括跨州和跨国管道安全管理和检验工作、审查管道运营商事故报告和安全状况年度报告、对违反管道安全法规的管道运营商进行处罚等。

第四节 对策建议：我国天然气长输管网管理体制改革的法治保障

通过对美国天然气长输管网管理体制的分析可知，天然气长输管道管理体制须服从国家的天然气发展战略，与市场化进程保持步调一致。天然气产业的发展，需要市场最大限度地发挥其在优化配置能源资源及其产品中的积极作用，遏制其消极作用。政府在采取监管措施时，不能将"市场"同"经济手段"或"经济杠杆"混同。我国应在天然气长输管网管理体制改革中借鉴美国的成功经验，尊重市场规律，以法治保障管输开放、管输独立和管输收费等工作的有序进行。

一 促进管道设施公平开放制度的实施

（一）完善上游开放制度，增加管网第三方主体数量

完善上游开放制度，保障上游公平开放，引入多元竞争机制，有利于保障天然气资源合理、有序地开发利用，促进天然气上游市场发展，为管网的公平开放奠定主体基础。为此，需要将《矿产资源法》规定的政府监管事项由依据"申请在先原则"限制的事前审批制度逐步过渡为事前备案制度，将监管重点由事前环节转向事中、事后环节，重点监管项目的核准、开工建设情况，并对项目核准文件的落实情况进行监督评价，有效降低天然气上游市场准入的门槛。但是基于天然气对国家能源安全的重要性，还需在立法上直接规定探矿权、采矿权申请人需要具备的基本资质条件。例如，企业管理人需要具备基本的天然气勘探开采知识、较高的筹措资金能力、完善的 HSE 管理制度[①]等。符合资质条件即有取得天然气探矿

---

① HSE 管理体系指的是健康（Health）、安全（Safety）和环境（Environment）三位一体的管理体系。

权、采矿权机会的企业法人,由能源管理部门进行备案登记后开展相应的业务。在企业勘探开采过程中,相应的监管机构进行积极有效的监管,及时查处企业的违法行为,保证勘探开采的正常进行。与此同时,结合竞争性出让规则,国家通过公开招标有偿出让矿权,允许企业在满足法定条件下转让或者竞拍取得矿业权或股份,活跃矿业权市场,增加上游市场主体数量。

(二) 提升监管效能,保证各项政策落地执行

美国高度发达的天然气市场得益于其高效有力的监管体系。目前,我国实行政监合一的监管体制,国家能源局既是天然气长输管网的主管部门,又是各项政策执行的监管机构。各级管道监管采取央、地协调分级模式,国家能源局及其省级外派机构共同执行管道监督管理相关职责。由于我国长期以来形成的"重审批,轻监管"的惯性工作思维,企业对于公平开放监管的重视程度不够,而且企业本身对于公平开放市场行为也缺乏足够的认识,这给监管工作增加了相当的难度,同时在多年的监管实践中也的确暴露出工作任务繁重、监管力量不足、技术储备欠缺、监管边界划分不清等问题,这些也都影响到了监管机制的高效运转。缺乏有效监管,难以保证公平开放政策的有力推进。

随着油气体制改革的稳步推进,市场化竞争日趋充分,完善公平开放监管内容,进一步强化市场监管职责十分迫切。这就需要现有行政制度体系赋予能源监管机构更加完备的监管职能与执行手段,形成高效监管体系;同时认真落实"放管服"改革要求,政府部门进一步简政放权的同时要以公平开放为抓手,加强规范市场行为的监管工作,按照新版《办法》规定的监管措施积极开展各类专项督查,制定并发布具有法规效力的督查报告,加大不合规行为的披露力度,通过对相关企业责任人约访约谈和考核评估等方式,增强监管影响力,提高监管有效性,保证新版《办法》的落地执行。

(三) 夯实法律法规基础,制定完善相关配套细则

新版《办法》从完善公平开放基础,明确公平开放服务要求,细化可操作性执行办法,推行信息公开和合同管理机制、落实监管措施及法律责任等方面进行了调整完善,但从整体来看,它仍旧属于一部纲领性与指导性规章办法。随着公平开放制度的深入施行,需要制定更多相关配套细则。以欧盟为例,2009年颁布的第三套方案系统地提出了第三方准入制度下管网设施运营的规则框架及规则制定的具体工作部署，其中《输气管网准入条件［Regulation（EC） No.715/2009］》确定了输气管网、储气设施和LNG接收站的准入规则、准入条件、管网准入费率、服务类型、容量分配、透明度要求和管网平衡等指导性要求。随后几年间，随着天然气市场化改革的推进，欧盟委员会又相继推出了跨境节点容量分配方案、平衡机制管理条例、拥塞管理、各国管网互通性等配套细则及指导意见，分步、渐进地推进了欧盟天然气市场化改革。同样，新版《办法》的颁布实施也只是建章立制的开始，针对公平开放过程中出现的各类关键问题，如信息公开示范文本、剩余能力测算规范、容量分配规则、平衡机制、服务费率等方面，还需要陆续推出更多的配套细则。建立健全规范的技术管理体系，特别是剩余能力测算方法，需要国家能源主管部门和相关行业协会研究制定给出一个指导性规范，更好地指导公平开放工作，使公平开放制度的推行能够全程做到有法可依、有章可循。

二 制定科学合理的定价机制

调研发现，关于天然气管道长输价格定价机制存在的问题在于，定价机制改革将"成本加合理利润"的定价模式改为"准许成本加合理收益"[1]，前者定价模式以天然气长输市场需求为基础，即成本核算以运输能力为基础，而后者定价模式以天然气的实际运量为基础，即成本核算以实际运输量为基础，由此导致按照新的定价模式核算出的成本明显低于油气管道运输企业的实际成本。在这一定价机制条件下，油气管道运输企业的投资收益低于预期，甚至可能出现亏损，导致企业的投资与盈利之间难以取得适当的平衡。因此，需要对现行"准许成本加合理收益"的天然气长输定价机制进行改革和完善，从而有效降低企业的经营风险，提高社会资本投入天然气长输领域的积极性。笔者建议近期采用包括"管道容量费"和"管道使用费"在内的"两部制"定价机制，远期采用能量计价的定价机制。

第一，以"两部制"定价机制取代现有的"准许成本加合理收益"定价机制。"两部制"是指按照用户的高峰期需求量收取"管道容量费"，

---

[1] 在核定准许成本的基础上，通过监管管道运输企业的准许收益，确定年度准许总收入，进而核定管道运输价格。

按照用户实际输气量收取"管道使用费",实现服务商与用户风险共担,最大限度降低企业经营风险的天然气长输定价机制。现行的"准许成本加合理收益"定价机制的一个显著特点是改变了之前的反映具体天然气管道成本水平的"一线一价"的定价方式,采取反映管道运输企业平均成本水平的"一企一价",这使得同一企业的不同管道可以通过交叉补贴实现企业的整体盈利。但此定价机制的问题在于过分关注企业整体盈利容易忽视具体天然气管道的成本控制,难以实现油气管道资源的优化配置和整体效率提升。管输收费采取"容量费+使用费"的两部制收费方式,可以有效地消除用户之间的交叉补贴问题,主要是消除工业用户为非工业用户特别是居民用户的补贴,实现运输、储气成本"谁受益,谁负担",既有利于用户之间合理负担运输、储气成本,也有利于提高管道利用效率,促进储气设施建设。调研发现,工业用户的燃气价格高于民用燃气价格,而工业用户使用的燃气门站价格采用政府定价,工业用户与油气管道运输企业签订运输合同之后,油气管道运输企业必须在现有运力规划中安排相应的运力指标。然而,工业用户不仅占用油气管道运输企业的运力指标,还在违约后指责油气管道运输企业不供气。存在这一问题的原因显然在于现行天然气长输定价机制只考虑到了"管道使用费"而忽略了"管道容量费"。为此,应适时修改《天然气管道运输价格管理办法(试行)》,以包括"管道容量费"和"管道使用费"在内的"两部制"定价机制取代现有的"准许成本加合理收益"定价机制。

第二,以"天然气能量计量"定价机制取代现有的"准许成本加合理收益"定价机制。2019年《油气管网设施公平开放监管办法》第13条第3款规定"国家推行天然气能量计量计价,于本办法施行之日起24个月内建立天然气能量计量计价体系"。实行商品天然气能量计量和计价结算后,随之而来的是天然气管道运输价格是否需要同步转换为能量计价的问题。如果单纯说天然气能量计量计价是要解决不同天然气的发热量差异及其由此产生的价格和市场公平问题,那么管道运输价格似乎与此无关。表面上看,这也与我国天然气上中游一体化体制和现行天然气门站价格制度相符。但是,随着我国天然气体制改革不断深化和天然气市场化发展,商品天然气和管道运输采取不同的计量计价制度难以和谐共处。尤其是实行天然气能量计量计价和管道第三方进入后,不同天然气生产(供应)商和不同来源的天然气进行能量计量并进入管道混合运输,进行能量计量和交接结算。这时，如果管道运输仍按体积计量计价，将给天然气交接和结算带来困难或引发纠纷。而且，按照国家关于"实现管输和销售分开"的油气管网运营机制改革和"放开两头，管住中间"的天然气价格改革目标，气源价格和管道运价终将丧失继续捆绑在一起的体制基础，天然气出厂价和管道运输价迟早要从门站价格中分离出来，单独结算。此外，欧美国家在进行天然气体积计量计价向能量计量计价转换时，天然气管道运输同时统一为按能量计量计价。

三 加快天然气省级管网的市场化改革

在我国经济增速换挡、环境资源约束趋紧的新常态下，加快发展天然气是实现能源绿色转型、低碳健康发展的现实选择。促进天然气市场发展的关键在于终端用气成本的降低，尤其是非居民用气的终端价格。影响终端气价的因素有很多，管输价格是其中最关键的一环，也是我国天然气长输管道管理体制改革的重点和难点。省级管网连接着上游供气商和下游终端用户，其运营模式直接影响着终端用气成本。2016 年以来，国家陆续出台了《加强地方天然气输配价格监管降低企业用气成本的通知》《关于加强配气价格监管的指导意见》等文件，加强了天然气输配价格监管。尽管监管取得了一些成效，但一些地方仍存在天然气供气环节过多从而导致终端用气成本较高等问题。因此，加快天然气省级管网市场化改革，减少中间交易环节，已成为天然气管网体制改革背景下一个不容回避的问题。

（一）打破省级管网统购统销模式，鼓励大工业用户直供

统购统销模式的设立逻辑在于省级管网大批量购买可以增加其与上游供气商的议价权，降低采购价格，从而推动天然气市场的发展。然而，真正推动天然气市场发展的是终端价格。只有当价格优惠传导至下游，才能增加天然气的消费量。但统购统销模式伴随的中间环节过多，使其呈现的结果与设立初衷背道而驰。因此，要打破省级管网统购统销模式，鼓励大工业用户直供，减少中间交易环节和交易成本，让下游用户真正享受到竞争带来的实惠。省级管网公司阻止建设直供管线并非是为了防止管道重复建设造成资源浪费。现实中存在着多个省级管网公司为强行收取管输费，禁止私建管线的案例。如江西省管网公司在大工业用户与中石油主干线仅一墙之隔的情况下，为收取管输费而绕圈建设管道。天然气省级管网市场化改革应当充分考虑大工业用户直供，以此来倒逼省级管网公司降低成

本、提升竞争优势、提高效率。打破省级管网统购统销模式，还应当实行管输和销售业务分离，按照《管理办法》《若干意见》以及新版《办法》规定，推进省级管网向所有市场主体公平开放。

（二）破除省级管网建设垄断权，允许多元参与

当前我国多数地区的省级管网建设速度仍无法满足天然气消费市场需求，成为制约天然气市场发展的重要因素。扩大我国各级管网的建设规模，需要多元参与。省级管网公司不应当排斥和限制其他市场主体参与油气管网设施的投资、建设和运营。其他市场主体可以按照相关程序和条件以参股等多种形式参与省级管网的建设。在遵守国家统一规划、互联互通和不参与天然气买卖等原则性要求的条件下，其他市场主体也可独立投资建设长输管网储运设备。政府应积极引导各类市场主体及社会资本参与省级管网建设，为市场开发和省网公平开放提供制度保障措施。

（三）做好国家管网和地方管网的统筹协调

中央全面深化改革委员会第七次会议通过的《实施意见》对成立国家管网公司后，省级管网公司与国家管网公司的关系作出了方向性表述——鼓励地方以省级管网资产入股国家管网公司，积极引导和推动省级管网公司以市场化方式融入国家管网公司。省级管网公司融入国家管网公司是天然气管网管理体制改革的总体趋势。就目前来说，我国油气管网基础设施存在着不少短板，尤其是天然气管网和储气设施严重不足，需要国家管网公司和省级管网公司等其他市场主体共同参与建设。国家管网公司重点服务跨区、跨省天然气资源的输配，省级管网公司维持省内或城际资源流动的平衡，二者是整体和部分的关系。全国各地的天然气省级管网情况复杂，三大油气企业参股建设的管道较多。在国家管网公司整合省级管网过程中，要根据不同情况因地制宜。不管是国家管网还是省级管网，其投资建设和生产运营都应当符合国家天然气体制改革总体目标的要求，打破市场割据，以《实施意见》为指导依据，有的放矢地朝着全国"一张网"建设前进。

四 完善设施保护的体制和机制

（一）形成监管合力和联动机制

监管合力和联动机制的形成需要从以下五个方面着手：一是明确行业主管和属地管理责任。企业是管道安全运行的第一责任人，各级政府主要

承担安全监管责任。二是建立安全联防制度。企业和当地政府应当加强应急协调联动,并逐步建立安全监督的长效机制。三是加强源头规划布局。加强天然气管道规划与城乡规划、土地利用规划以及其他专项规划的统筹衔接,企业严格遵守建设项目的立项、规划、报批等程序,充分论证设计和建设方案,及时、全面地向县级以上管道保护部门报备管道竣工测量图等相关资料,配合管道保护主管部门依法查处危及管道及其附属设施安全的违法行为。四是加强应急管理,完善应急预案,强化企业与地方政府的预案衔接和联合演练,提高联合应急处置能力,建立健全分工明确、责任到位、常备不懈的油气管道事故应急体系,构建布局合理、资源共享、信息透明的应急救援队伍。五是对占压及安全距离不足等管道安全隐患,及时向隐患所在地政府和主管部门报告,按照后建服从先建的原则,依法依规解决,避免因解决不及时、地貌恢复不彻底、补偿不到位等形成新的隐患,引发社会矛盾。

(二) 强化管道企业安全防护主体责任

管道企业对建设施工、运营维护等事项进行分环节管理,导致了在工程运行交接和沟通上存在分歧和问题,设计施工遗留的安全隐患责任主体往往难以确定。为此,需要修改立法,强化管道企业的安全防护主体责任。具体来说,需要加强系统内部单位的协调和沟通衔接,落实主体责任,避免推诿扯皮;建立健全各项规章制度,确定管道安全管理工作机构,确保其对具体问题的决策权和处置权;加强应急预案演习,增强企业对紧急事故的应变处置能力,实现隐患整治排查工作的规范化、常态化和长效化;确保企业对存在的安全隐患及时采取措施进行整改,拟定隐患整治实施专项方案,解决企业对安全隐患整改主题不明确、长时间推诿、扯皮、无实质性进展等问题。

(三) 建立政企民联防联治机制

管网设施长效保护机制的建立不仅需要管道企业有效管理和各级政府部门各司其职,还需要依靠人民群众广泛参与。国内公众管道保护意识淡薄,尤其是乡镇村民,存在妨碍巡检、移动毁坏警示标志、私搭乱建种植林木等问题,且难以协调。因此,既要拉深政府的监管深度,发挥出乡镇、村等基层政府的协调和纽带作用,更要注重引入公众参与,塑造公众责任感,利用好公众监督等手段。例如,发展村民巡检员、建立举报奖惩机制,鼓励管道沿线乡镇参与到管道保护工作中,通过日常安全联抓、法制宣传联合、公用信息联通、矛盾纠纷联调等建立起政企民联防联治机制。

(四) 健全管网设施保护法律规范制度

健全管网设施保护法律规范制度，一方面需要加快《管道保护法》的修订进程，着重建立其与《安全生产法》《特种设备安全法》《危险化学品安全管理条例》等相关法律规范的衔接，明确监管体制、职责分工等问题；另一方面需制定相关配套规章制度，对土地补偿、税收分配、城镇建设与管道规划衔接等事项作出细化规定，使管道保护各项工作都能有法可依。此外，各地应在中央立法的基础上，根据地方具体情况制定相关管道保护地方性法规或地方政府规章，落实中央对管道保护的要求，保障管输安全。

专题五

我国城镇管道天然气发展的现实困境与法治保障[*]

第一节 我国城镇燃气管道的法律问题

一 建筑物规划红线内燃气管道产权归属与运维义务的法律失配

城市燃气作为城市能源的重要组成部分，为天然气在我国一次能源消费比重的提高起到了积极作用。同时，城市燃气普及率的提高对提高城镇基础设施建设水平、提升公共服务质量、改善人民生活水平、实现能源公平发挥着不可替代的作用。此外，《巴黎协定》和《2030年可持续发展议程》为全球加速低碳发展进程和发展清洁能源明确了目标和时间表。城市燃气是我国加快建设清洁低碳、安全高效的现代能源体系的必由之路，也是化解环境约束、改善大气质量，实现绿色低碳发展的有效途径，同时对推动节能减排、稳增长、惠民生、促发展具有重要意义。自20世纪90年代以来，我国城镇天然气供应量和供气管道长度都有了长足的发展（如图5-1、图5-2）。《中国统计年鉴2018年》披露的数据显示，截至2017年，我国城市燃气管道长度达64.1万千米，城镇天然气供气量达1263.8

---

[*] 本专题调研组指导教师胡德胜、王涛，组长杨焱，成员张明、刘浩、陈思源，执笔人王涛、杨焱。

亿立方米，其中家庭供气量达 282.5 亿立方米，城市燃气普及率 96.3%。本次调研单位之一的北京燃气集团在北京市管道燃气市场的份额高达 95%，负责超过 600 万户居民、企业的生活、生产用气。该燃气集团所负责客户的用气结构是采暖、天然气发电占 60% 左右，其余部分为餐饮、供服、CNG 车辆和边远郊区生活用气。笔者在赴该燃气集团进行调研座谈过程中发现一个重要问题：建筑物规划红线内燃气管道产权（建筑规划红线内的燃气管道与设施可分为两部分：红线内至表前阀的燃气管道与设施是业主共有部分，表前阀至燃器具的燃气管道与设施是业主私有部分）归属与运营义务之间的关系存在不对等，同时存在建筑物规划红线内燃气管道运行、维护、更新、改造义务缺乏统一规定等问题，严重影响着居民小区内的燃气管道运营。

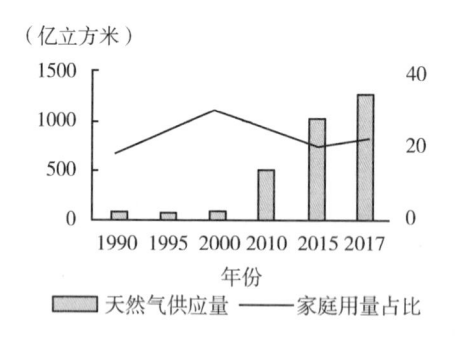

图 5-1　1990—2017 年我国天然气供应量和家庭用量占比

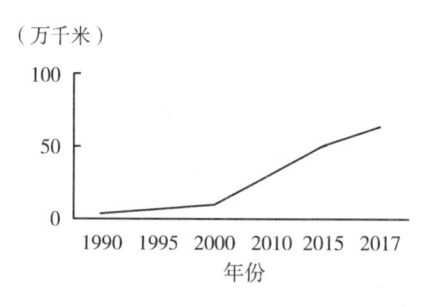

图 5-2　1990—2017 年我国城镇天然气供气管道长度

（一）建筑物规划红线内燃气管道所有权多元化

通过对《民法典》《城镇燃气管理条例》等国家层面的法律和行政法规以及我国大陆地区 31 个省、自治区、直辖市及各省、自治区的省会/首府城市颁布的与城镇燃气管理相关条例、办法等地方法规进行系统梳理后发现,我国法律、行政法规和地方法规对于建筑物规划红线内燃气管道产权归属存在不同规定,总体上可以分为以下 3 种:

1. 建筑物规划红线内燃气管道产权属于政府

《天津市燃气管理条例》第 9 条规定,在天津市进行旧区改造和新区开发时需要进行燃气设施建设,并将这些费用纳入城市建设总概算。《云南省燃气管理条例》第 8 条规定,包括建筑物规划红线内燃气管道在内的燃气设施建设所需资金可以通过国家和地方政府投资、收益单位和个人合理负担等渠道筹集。《黑龙江省燃气管理条例》第 9 条规定了县级以上政府负有按照燃气发展规划加大对燃气设施投入的义务。因此,这些由政府投资兴建的燃气管道尽管位于建筑物规划红线内,但是并不属于小区业主共同所有。也就是说,依据"谁投资,谁拥有"的原则,包括建筑物规划红线内燃气管道在内的燃气设施可以由政府投资,并由政府所有。

2. 建筑物规划红线内燃气管道产权属于业主

在国家法律、行政法规层面,根据我国《城镇燃气管理条例》第 14 条的规定,我国城市燃气管网的修建资金来源分布如下:由政府投资或社会资金投资修建建筑物规划红线外部分的城市燃气管网,建筑规划红线内至建筑区划内业主专有部分以外的燃气设施由开发商投资修建后经主管部门验收后计入商品房价格。根据《民法典》第 271 条、第 273 条和第 274 条的规定,业主对专有部分以外的共有部分享有共有和共同管理的权利,建筑区划内的其他公共场所、公用设施和物业服务用房,属于业主共有。同时,《物业管理条例》第 27 条规定,业主依法享有的物业共用部位、共用设施设备的所有权或者使用权,建设单位不得擅自处分。由此可见,在通常情况下(地方法规中对产权进行特别规定的除外),建筑物规划红线内燃气管道作为共用设施设备,业主拥有产权与使用权。大部分地方法规对"建筑物规划红线内燃气管道产权属于业主"这一问题采取了两种规定:(1)默认业主或者产权人负责投资。大部分的地方法规的做法是,在"规划建设"部分并未明文规定建筑物规划红线内燃气管道产权归属,但明确规定了对于新建、扩建、改建建设工程的配套燃气设施应与建设项目主体"三同步",即由建设工程的建设单位负责配套燃气设施建设并取得所有权,并最终由业主或者产权人取得包括建筑物规划红线内燃气管道在内的燃气设施的所有权。(2)明确规定业主或者产权人负责投资。例如,《海口市燃气管理条例》第 11 条明确规定了由业主或者产权人负责投资建筑物规划红线内燃气管道和室内管道,由政府或管道燃气经营企业负责投资城镇燃气主干管道;《广东省燃气管理条例》第 10 条规定了建筑物规划红线内并由建设项目使用的燃气管道设施由建设单位负责建设,因此可以成为小区内全体业主共有的公共设施,由业主或者产权人取得所有权。

3. 建筑物规划红线内燃气管道产权属于管道燃气经营企业

《长沙市燃气管理条例》第 11 条规定了政府投资、燃气经营企业自筹和其他共三种城市燃气管网的修建资金来源。因此,在燃气经营企业自筹的情况下,燃气经营企业是可以取得建筑物规划红线内燃气管道产权的。《福州市燃气管理办法》第 14 条规定,居民用户燃气表以内(不含燃气表)的供气设施属于居民用户所有,单位用户享有支管及支管以内设施的所有权,其他燃气设施的产权,归经营企业所有。这就意味着,从居民用户的燃气表开始直至整个城镇燃气管网(单位用户除外)的所有权都归燃气经营企业所有。

(二)建筑物规划红线内燃气管道运行、维护、更新、改造义务缺乏统一规定

《城镇燃气管理条例》第 19 条的规定,管道燃气经营者对其供气范围内的市政燃气设施、建筑区划内业主专有部分以外的燃气设施,承担运行、维护、抢修和更新改造的义务。这意味着,燃气公司并不享有建筑物规划红线内燃气管道所有权但却需要承担该部分管道的运行、维护、抢修和更新改造义务。在地方法规层面,通过对我国大陆地区 31 个省、自治区、直辖市及各省、自治区的省会/首府城市颁布的与城镇燃气管理相关条例、办法等地方法规进行系统梳理后发现,我国不同的地方性法规对于管道燃气经营者是否承担、在多大程度上承担庭院管网的运行、维护、抢修和更新改造的义务以及能否收取费用存在不同规定,总体上可以分为以下 3 种:

第一种:明确规定管道燃气经营者对庭院管道承担运行、维护、抢修和更新改造义务,但没有规定产生费用如何分担。

经过统计后发现,共有 14 个省级行政区的地方法规规定了居民和管道燃气经营者对庭院燃气管道和居民室内管道和燃气设施进行运行、维护、抢修和更新改造的义务分界点,可以分为以下几种情况:

(1) 管道燃气计量表在户内的以计量表为分界点，计量表和包括庭院管道在内的表前设施由管道燃气经营者负责，计量表后的燃气设施和燃气器具由用户负责（《浙江省燃气管理条例》第40条、《重庆市燃气管理条例》第42条、《宁夏回族自治区燃气管理条例》第21条、《青海省燃气管理条例》第19条、《上海市燃气管理条例》第28条第2款）。

(2) 庭院燃气设施和共用燃气设施由燃气经营者负责（《北京市燃气管理条例》第21条）。

(3) 供气范围内业主专有部分以外燃气设施由燃气经营者负责（河北省燃气管理条例第27条、《江苏省燃气管理条例》第12条和第40条、《沈阳市燃气管理条例》第29条、《杭州市燃气管理条例》第14条）。

(4) 城市管道燃气管网户外部分属于公用设施，无论投资主体还是产权归属，均由燃气经营者统一管理、维修、养护（《呼和浩特市城市供热、供水、燃气、公共交通管理条例》第59条、《湖北省燃气管理条例》第19条）。

(5) 建筑红线内管道设施至燃气用器具之间的输配气设施维修由管道燃气经营企业负责（《西安市燃气管理条例》第32条）。

(6) 建筑区划内业主专有部分以外燃气设施、居民用户室内的燃气计量装置和金属管道及其附属设施，由燃气经营者负责维修，连接金属管道的其他介质连接管道及用户燃气燃烧器具等用户设施，由用户负责维护和更新（《兰州市燃气管理条例》第18条、《沈阳市燃气管理条例》第38条）。

第二种，明确规定管道燃气经营者对庭院管道承担运行、维护、抢修和更新改造义务并规定产生费用如何分担。经过统计后发现，共有17个省级行政区的地方法规规定了居民和管道燃气经营者对庭院燃气管道和居民室内管道和燃气设施进行运行、维护、抢修和更新改造的义务分界点并规定了由此产生费用的分担，可以分为以下几种情况：

(1) 运行、维护、抢修和更新改造的义务由燃气企业承担，费用由客户负担。例如，《山西省燃气管理条例》第37条规定，燃气设施的管理和维修由燃气生产和销售企业负责组织实施，所发生的费用由产权所有者负担；《海口市燃气管理条例》第29条和《石家庄市燃气管理办法》第26条规定，燃气设施和设备的更新费用由产权人各自负担；《黑龙江省燃气管理条例》第24条规定，居民用户室内由管道燃气企业负责的管道燃气设施的维护和更新改造费用可以计入燃气销售价格成本。

（2）以燃气计量表为承担运行、维护、抢修和更新改造的义务和分担费用的分界点。在燃气计量表在室内的情况下，管道燃气经营者承担运行、维护、抢修和更新改造的义务，其分担费用的范围从建筑物规划红线内业主专有部分中燃气计量表（包括计量表本身）开始至整个市政燃气管网；居民用户只需要负责计量表之后与计量表连接的软管、紧固件和燃气器具的维护更新及费用。在燃气计量表在户外的情况下，燃气经营企业承担运行、维护、抢修和更新改造的义务，其分担费用的范围从进户的第一道阀门开始至整个市政燃气管网；居民用户只需要负责维护、更新管道进户后第一道阀门之后的燃气设施和燃气器具的维护更新及费用（《天津市燃气管理条例》第21条和第23条、《江西省燃气管理办法》第24条、《广东省燃气管理条例》第26条、《武汉市燃气管理条例》第23条、《四川省燃气管理条例》第32条、《贵州省燃气管理条例》第26条、《拉萨市燃气管理条例》第34条和第35条、《吉林省燃气管理条例》第25条、《安徽省城镇燃气管理条例》第35条、《银川市燃气管理条例》第27条、《南昌市燃气管理条例》第27条、《福建省燃气管理条例》第29条）。

（3）燃气管道连接燃气燃烧器具软管的阀门为承担运行、维护、抢修和更新改造义务和分担费用的分界点。在这种情况下，管道燃气经营企业承担运行、维护、抢修和更新改造义务的范围从燃气管道连接燃气燃烧器具软管的阀门开始至整个城镇燃气管网，并承担相应费用；居民用户承担更新、改造的范围从燃气管道连接燃气燃烧器具软管的阀门之后到燃气器具，并承担相应费用（《郑州市燃气管理条例》第33条、《乌鲁木齐市燃气管理条例》第24条）。

（4）运行、维护、抢修和更新改造的义务由燃气经营企业承担，费用以燃气计量表为分界点进行明确分担。在这种情况下，燃气经营企业承担从天然气门站到庭院的燃气管道再到居民用户室内的燃气设施的运行、维护、抢修和更新改造义务，但其负担费用的起点在门站，终点在居民用户室内的燃气计量表。燃气计量表之后的燃气设施由燃气经营企业负责维修和更新，但费用由居民用户承担（《南宁市燃气管理条例》第14条、《昆明市燃气管理条例》第22条）。

第三种：未明确规定燃气设施的管理、维修、养护、更新义务和费用分担分界点。

《山东省燃气管理条例》第 36 条，规定定期检验、检修和更新由燃气经营企业和用户共同承担。《河南省城镇燃气管理办法》第 36 条只规定了免费更换计量装置，未规定庭院管道的维护、更新责任和费用承担问题。《湖南省燃气管理条例》第 23 条未规定维修、更新责任以及费用的分界点，只是规定了双方应在供用气合同中明确燃气设施的维修责任，但并未规定费用。

(三) 建筑物规划红线内燃气管道产权归属与运营义务不对等

通过考察国家法律、行政法规层面和地方法规层面关于建筑物规划红线内燃气管道产权归属与运营义务的规定发现，我国建筑物规划红线内燃气管道产权归属与运营义务存在不对等的问题。《城镇燃气管理条例》规定了管道燃气经营者负有对建筑物规划红线内燃气管道进行更新改造的义务，并未规定燃气经营者承担更换费用义务。这一规定在实际运行中带来的问题是，根据现行规范对建筑物规划红线内燃气管道产权的规定，城市燃气经营者可能并不享有庭院管网所有权，但是需要承担运行、维护、抢修和更新改造的义务。此外，该条例对经营者是否能收取因更新改造产生的费用并未明确规定，因此在实践中产生了众多纠纷。2014 年，兰州某小区业主与甘肃中石油昆仑燃气有限公司纠纷案和成都某小区业主与温江兴能天然气有限责任公司纠纷案就是在这种背景下发生的。

根据我国现阶段法律、行政法规和地方法规规定，建筑物规划红线内燃气管道产权共有 3 种，即由全体业主共有、政府所有和管道燃气经营者所有。在建筑物规划红线内燃气管道维护与更新义务方面，可从总体上分为明确规定由管道燃气经营者承担建筑物规划红线内燃气管道的维护与更新义务但没有规定费用的分担；由管道燃气经营者承担建筑物规划红线内燃气管道的维护与更新义务并规定了费用的分担；没有规定燃气设施的管理、维修、养护、更新义务和费用分担分界点 3 种情况。在建筑物规划红线内燃气管道由管道燃气经营者所有的情况下，由管道燃气经营者承担这些管道的维护与更新义务以及费用是合理的；在由政府所有的情况下，也可以通过特许经营合同规定管道燃气经营者负有对其特许经营范围内燃气管道的维护与更新义务。然而，我国大部分建筑物规划红线内燃气管道是由全体业主共有，《城镇燃气管理条例》规定了由管道燃气经营者负有对建筑物规划红线内燃气管道进行更新改造的义务且没有规定管道燃气经营者是否可以收取费用，即业主一方享有燃气管道的所有权，但同时没有承担任何义务。与此同时，管道燃气经营者在并不享有所有权的情况下，却要负担管理、维修、养护和更新的义务。加之国家层面的法律与行政法规并未就管道燃气经营者是否可以收取相应的费用做出规定，地方法规对此的规定也并不统一，导致了建筑物规划红线内燃气管道产权归属与运营义务不对等这一问题的产生。

二 大用户直供政策与城镇管道燃气特许经营制度形成冲突

城镇管道燃气特许经营许可制度始于1998年《城市燃气管理办法》（建设部令第62号，已于2011年9月7日起失效）第16条之规定"用管道供应城市燃气的，实行区域性统一经营"。为使"区域性统一经营"这一规定能够落地实施，原建设部于2004年9月14日发布了政府示范文本《管道燃气特许经营协议示范文本》（GF-2004—2502），标志着这一制度正式实施。城镇管道燃气特许经营许可制度从形成部门规章到正式实施，至今已有22年的历史。毫无疑问的是，这一制度极大地促进了我国城镇天然气设施的建设以及天然气消费量的增长，为保障居民基本生活、推动能源公平、消除能源贫困起到了重要的支撑作用。同时，对于政府而言，特许经营制度解决了城镇天然气管网等能源基础设施的资金不足问题，以较小的补偿建立和维持了庞大的管道输配与终端供气捆绑经营的城镇能源基础设施。随着特许经营制度的实施，也出现了特许经营方式、特许目标、政企关系、效率改进路径等方面的异化，具体表现为城镇管道燃气特许经营权取得从供气成本最低异化为投标价最高、城镇燃气价格从依靠市场竞争异化为主要依靠政府监管等。最终导致政府基于经济利益考量而难以保持中立监管，不断出现关于城市天然气降价的呼声。一方面，由于供给侧改革，降气价、降成本成为情理之中的事，政府为此不断给燃气企业施加降价压力；另一方面，燃气用户也要承受"煤改气"等政策压力，不得不使用成本更高的天然气。为终端用户减负的最有效方式就是引入市场竞争。工业用户无疑是天然气终端最肥的"一块肉"。相比于居民用户气量小、价格低等特点，工业用户用气量大、毛利高，成为终端市场的"香饽饽"，也让竞争者"垂涎三尺"，成为各大燃气企业和"三桶油"的"必争之地"。2012年3月底，国家发改委发布的《关于规范城市管道天然气和省内天然气运输价格管理的指导意见（征求意见稿）》中首次明确提出："鼓励上游生产企业对城市燃气公司和大用户直供，减少中间环节,避免层层转供,降低供气成本""鼓励大型工业用户直接与上游气源企业签订燃气商品的购销合同"。"直供"是指直接向上游天然气供应商购买天然气,用于生产或消费、不再对外转售。随后,国家发改委和国务院分别于 2013 年、2015 年、2016 年、2017 年、2018 年接连发布一系列文件,提出要尽可能减少供气环节、用户自主选择供气方和供气路径、降低供气成本,并明确要求不得增设供气环节。地方政府层面,山东省、安徽省、广东省、福建省、重庆市、济南市政府于 2016—2019 年,不断出台天然气直供政策,鼓励上游油气企业与下游天然气大客户建立天然气直供。笔者在调研以及后续的资料整理过程中发现,位于天然气产业链中游的管道燃气经营者对上下游企业的天然气直供持反对态度,其原因在于天然气直供与现有的城镇天然气特许经营制度存在强烈冲突。

(一) 天然气直供侵犯管道燃气经营者独家经营权

《管道燃气特许经营协议示范文本》(GF-2004—2502)第 2.11 部分将"特许经营权"定义为"本协议中甲方授予乙方的、在特许经营期限内独家在特许经营区域范围内运营、维护市政管道燃气设施、以管道输送形式向用户供应燃气,提供相关管道燃气设施的抢修抢险业务等并收取费用的权利"。第 9.2 部分中,甲方(县级以上人民政府燃气管理部门)的义务之一是"维护特许经营权的完整性,在特许经营期间,甲方不得在已授予乙方特许经营权地域范围内,再将特许经营权授予第三方";第 9.3 部分中,乙方(燃气经营者)与之相对应的权利之一是"享有特许经营权范围内的管道燃气业务独家经营的权利"。由此可以看出,城市燃气企业特许经营本质上是一种行政许可,其内容为在一定区域、一定时限内,被授予特许经营权的企业,享有燃气基础设施的投资权、建设权、经营权,该权利具有排他性、唯一性。否则,一定区域内随意经营、擅自铺设管道、重复建设、争夺资源,势必造成资源的浪费、城市管理上的混乱和安全隐患,不利于燃气事业的健康发展。这就意味着,一旦上游天然气供应商和下游工业用户之间签订天然气买卖合同,上游天然气供应商就在管道燃气经营者独家经营的期间内和区域内取得了经营的权利,管道燃气经营者基于特许经营权享有的"管道燃气业务独家经营的权利"势必遭到上游天然气供应商的侵犯。由此可能导致社会资本参与城镇燃气基础设施项目以及未来参与农村燃气基础设施项目的积极性大大降低。

(二) 天然气直供可能加重管道燃气经营者的义务

根据《城镇燃气管理条例》和《管道燃气特许经营协议示范文本》

的相关规定，城市燃气经营者取得在特许经营权范围内独家经营管道燃气业务、投资建设燃气管道、维护燃气管网安全、特定条件下拒绝供气等权利的同时，其主要的义务包括按照政府相关规划投资建设燃气管道、保证稳定的供气服务、维护和抢修管网、普遍服务和持续经营、对其造成环境污染进行损害赔偿、在特许经营权被取消或者终止后保证正常供应和服务的连续性。调研中发现，在实行天然气直供的情况下，上游天然气供应商从城市天然气门站直接修建了到达工业用户的天然气管道。一方面，在特许经营区域内，修建天然气管道是管道燃气经营者的权利，天然气直供管道的修建意味着在特许经营区域内除了管道燃气经营者之外还有其他民事主体可以修建天然气管道，而这势必与"特许经营"中的"独家经营"相冲突；另一方面，尽管天然气直供中的管道并非管道燃气经营者修建，但是按照《城镇燃气管理条例》第19条的规定，管道燃气经营者对特许经营区域内的市政燃气设施承担维护、抢修和更新改造的义务。这就意味着，尽管运输直供天然气的管道并非管道燃气经营者修建，其都对这些管道负有法律规定的维护、抢修和更新改造的义务，免除了修建管道的上游天然气供应商的维护、抢修和更新管道的义务。而事实上，这些义务是在管道燃气经营者未取得权利的情况下由其承担的，加重了管道燃气经营者的负担。

（三）天然气直供会对管道燃气经营者造成强烈冲击

天然气直供的优势之处在于能够直接构建起上游天然气供应商与终端用户之间的桥梁，减少天然气从供应到使用的中间环节。在一些天然气销售层级较多的省份，能够改变"上游天然气供应商—省天然气销售/运输商—市天然气销售/运输商—区天然气销售/运输商"的层层转供、层层加价模式，降低了供气成本。同时，天然气直供也对管道燃气经营者产生了强烈冲击。（1）天然气直供后，管道燃气经营者与上游天然气供应商的议价能力被削弱。工业用户庞大的用气量是管道燃气经营者与上游天然气供应商进行博弈的重要工具，也是平衡城市管网用气负荷、优化用气结构的重要支撑，更是管道燃气经营者维持其基本运营并补贴居民用户的重要基础。在上游天然气供应商使用槽车运输LNG对工业用户进行点供的情况下，无须使用城市燃气管道运输，管道燃气经营者与用气需求庞大的工业用户将彻底脱钩；即便使用城市燃气管道进行运输，管道燃气经营者并非出售商，只能对此收取少量的管输费。销售量的急剧下降势必导致管道燃气者在与上游天然气供应商进行谈判时的议价能力降低。(2) 天然气直供后，城镇燃气特许经营者将可能面临巨大的经济压力。其原因在于，在城镇燃气领域，居民用气价格与成本已经形成价格倒挂，实行工业用户反哺居民用户政策。城镇居民用气总量虽然较大，但单位居民用气量较小，用气终端众多且分散，城镇燃气特许经营者对其在巡检、收费、客服、维修、抢险、调峰（包括季节、日、时调峰）等方面投入的成本要远远高于工商业用户。然而，我国目前居民用气价格要低于非居民用气的销售价格。例如，北京、上海、西安等主要城市的居民用天然气价格为2—2.5元/立方米，非居民用天然气价格为3—3.2元/立方米。在天然气直供情况下，一旦工业用户被剥离，管道燃气经营者无法从工业用户赚取适当的利润补贴居民用户，而居民用气涨价需要经过听证会程序，天然气价格上涨势必引发社会舆论的质疑与民生压力。失去工业用户后，由于缺乏足够的资金，管道燃气经营者无法有效地维护城镇燃气管网设施，势必会对其履行安全、稳定、持续供气义务造成障碍以及威胁民生用气的保障。进一步而言，长此以往，管道燃气经营者在缺乏适当的利益补偿的情况下必然会选择降低、终止对城镇燃气管道的投资和建设，甚至撤出城镇燃气市场，天然气下游市场改革的成果将会毁于一旦，这将对已经进行多年的石油天然气管理体制改革造成严重阻碍。

（四）天然气直供的落实亟须增强法律政策中天然气直供和燃气特许经营之间的协调性

通过考察国务院、国家发改委、各地方政府出台的关于天然气直供的政策性文件后发现，国家层面的政策之间、国家与地方的政策之间就天然气直供问题缺乏协调性，加剧了天然气特许经营制度的扭曲。

在国家政策方面存在的问题是，缺乏对天然气直供和燃气特许经营之间的协调。一方面，国务院、国家发改委出台关于天然气直供的政策要求以减少供气环节推动降低企业用气成本，工业用户可以自己选择供气方、供气的路径以及供气的形式，鼓励为工业用户提供双气源、多气源供应；另一方面，这些政策要求天然气直供企业必须取得燃气经营许可证。由此产生的问题是：(1) 双气源、多气源，意味着在燃气特许经营企业之外需要与其他企业形成天然气买卖合同，无论是否由燃气特许经营企业进行输送，都将导致特许经营区域内存在2个或多个天然气供应商，这都在实质上构成对燃气特许经营企业"独家经营权利"的侵犯，扭曲了特许经营制度。(2) 这些政策要求供气企业必须按照《城镇天然气管理条例》的相关规定取得燃气特许经营许可证之后才能为工业用户直供天然气。但问题在于，直供天然气的供气商申请的特许经营许可证可能在地域上与当地管道燃气经营者的特许经营许可证重合。

在地方政府政策方面存在的问题是，地方政府出台鼓励天然气直供的相关政策忽视和违反了《城镇燃气管理条例》关于特许经营的规定。从山东省、安徽省、福建省、广东省、成都市、济南市等地方政府发布的相关政策来看，主要有三种做法：(1) 针对新增大用户，鼓励上游油气企业、管道燃气经营者、大用户合资建设管道，供气价格由管道的建设经营者与用气企业协商；(2) 针对已有大用户，由上游油气企业和大用户直接建立合作关系，由管道燃气经营者提供天然气代输服务；(3) 由上游天然气利用省天然气主干管网和国家主干管网直接向大用户输气，管道燃气经营者无法参与。2016年《城镇燃气管理条例》第15条规定了"国家对燃气经营实行许可证制度"，即在城镇燃气特许经营许可期限和区域内只能存在一个天然气经营者。由此可见，上述三种做法中，第一种做法在一定程度上顾及了城镇燃气特许经营者的利益并遵守了"独家经营"的特许经营制度；第二种做法和第三种做法则无视《城镇燃气管理条例》第15条所规定的特许经营制度，甚至使取得特许经营权利的管道燃气经营者在特许经营期间和地域内无法从事天然气经营活动。

三 缺乏针对燃气盗窃行为的有效治理措施

燃气的普遍应用给社会生产、人民生活带来了极大的便利。与此同时，燃气所具有的巨大的经济价值也驱使着一些企业和个人罔顾法律的规定，进行偷盗燃气的行为。这不仅给燃气企业造成了巨额的经济损失，还给公共安全带来了极大的威胁与隐患。对偷盗燃气行为的法律规制主要体现在《刑法》第264条以及《城镇燃气管理条例》第28条和第49条之中。除此之外，2013年3月8日最高人民法院、最高人民检察院发布的《关于办理盗窃刑事案件适用法律若干问题的解释》，对盗窃燃气数额的推算方法进行了规定。

从法律性质上进行分析，盗窃燃气行为分别触犯了三种法律关系：轻微的盗气的行为属于违反合同约定的民事违约或者民事侵权行为；超过民事的程度，但未达刑律判罚标准的一般盗气行为属于行政违法行为，由公安机关予以治安管理处罚；严重的盗气行为，则应由刑事法律进行规制和调整。在对行为人进行处罚时，民事、行政、刑事都是可以使用的手段。调研中发现，对燃气盗窃行为的法律治理存在如下三点问题：

（一）进入民事诉讼程序的燃气盗窃案件少，民事赔偿作用有限

燃气企业在发现用户盗气后，依据双方签订的供气合同，依照行业备案文件或者营业章程的规定进行补收，在补收过程中，用户讨价还价或者拒不缴纳所盗气费，燃气企业也无可奈何。法院对燃气企业因用户盗窃燃气而要求赔偿的案件并不积极，因为盗窃燃气案件数量庞大，全部受理会让法院不堪重负，并且此类案件大部分被告都是居民，涉及民生的问题，难以处理和执行。笔者在北大法宝以"盗窃燃气""偷盗燃气"为关键词进行案件搜索，共搜索出23份民事判决书；笔者又以"欠缴燃气费"为关键词进行搜索，共搜出95份民事判决书。与未按照合同支付气费的赖账相比，偷盗天然气的性质更为严重，却被拦在了民事诉讼的大门之外，司法的作用并未得到应有的发挥。

（二）行政处罚力度不足，行政责任落实不到位

对于民事手段无法规制的盗窃燃气行为，又未达到犯罪标准的，窃气者要被追究行政责任。行政责任就是对盗窃燃气行为人进行行政处罚，实施行政法规上的制裁，其追究主体是国家行政机关。《城镇燃气管理条例》第49条第2款规定："盗用燃气的，依照有关治安管理处罚的法律规定进行处罚，盗用燃气尚不够刑事处罚的，由公安机关给予治安管理处罚。"《治安管理处罚法》第49条规定盗窃公司财务的，处5日以上10日以下拘留，可以并处500元以下罚款；情节较重的，处10日以上15日以下拘留，可以并处1000元以下罚款。一个城市的燃气管理部门，一般都是该市的燃气管理处，对于不愿意接受补收处理的盗气行为人，燃气企业将其上报到燃气管理处，由管理处依照相关行政法规予以行政处罚。行政执法具有强制力，较民事责任更为严厉，但由于燃气管理处的稽查部门的执法队伍人员配备不足，寥寥几名稽查人员与几百万燃气用户比，执法力量严重失衡，从而导致了对盗窃燃气行为的行政处罚案件屈指可数。行政处罚的缺位，未能在民事和刑事案件之间建立有效的屏障，以防止承担民事责任的行为演化成刑事犯罪，从而使盗窃燃气行为的法律规制从民事纠纷直接跨入刑事处罚，缺少中间过渡性处罚措施，让群众难以接受，也让司法机关在动用刑事惩罚手段时不得不再三斟酌，权衡轻重。

(三) 调查取证规定不明，阻碍对盗气行为的刑事立案侦查

根据《刑法》第 264 条的规定，"盗气数额较大的应当追究刑事责任"，"两高"在《关于审理盗窃案件具体应用法律若干问题的解释》里，也明确将燃气列为盗窃对象。由于燃气的特殊性，盗窃燃气的数额极难确定，《关于审理盗窃案件具体应用法律若干问题的解释》第 4 条第 3 款规定："盗窃燃气的数量能够查实的，按照查实的数量计算盗窃数额，盗窃数量无法查实的，以盗窃前 6 个月月均正常用量减去盗窃后计量仪表显示的月均用量推算盗窃数额；盗窃前正常使用不足 6 个月的，按照正常使用期间的月均用量减去盗窃后计量仪表显示的月均用量推算盗窃数额。"调研发现，该条司法解释在确定偷盗气量的实际操作中存在着问题。在实践中，大多数情况是行为人从一开始就没有装燃气计量表，直接私接管道盗窃燃气，在这种情况下无法根据司法解释第 4 条第 3 款来确定偷盗气量，进而难以对行为人进行立案侦查。被调研的企业反映，在其发现的 400 多起燃气盗窃事件中，最后立案的仅 50 多起，盗气行为给该企业造成的损失高达千万元之多。公安局成功立案之后，调查取证也存在着一定的困难。无论是燃气企业还是行政部门，均不具备专业的查证能力，取证不到位、不规范的现象突出。而且，二者均不是刑事诉讼法规定的取证主体，收集的证据未经过法定程序的转换无法作为刑事诉讼中的证据使用，而目前还没建立相关的证据转换制度。

第二节 天然气管道运输管理体制改革的法治保障

一 厘清建筑物规划红线内燃气管道产权与运营义务

建筑物规划红线内燃气管道属于城市燃气管道运行的末端，相较于长输天然气管道而言，建筑物规划红线内燃气管道由于权利义务的不对等，增加了燃气经营者的管理难度。在计划经济时代，包括建筑物规划红线内燃气管道在内的城镇燃气管道建设完毕后统一划拨给燃气经营者。市场经济条件下，建筑物规划红线内燃气管道根据《民法典》的规定由全体业主共有、共管，由业主委员会行使所有权，燃气经营者行使管理权。这种

所有权和管理权相分离的"双层制度"导致燃气经营者权利义务不对等的现状，亟须改变建筑物规划红线内燃气管道监管制度。

《城镇燃气管理条例》之所以将市政燃气设施和业主专有部门外的燃气设施的维护管理责任加之于燃气管理者，并不是认为这部分设施产权归属于燃气经营者，而主要考虑的是燃气经营者履行这部分公共燃气设施的维护管理责任，在技术上、经济上更为合理、可行。然而，由此带来的问题是，权利与义务的极端不对等严重影响着燃气经营者的经营，损害燃气公司作为平等主体的合法利益。在市场经济条件下，燃气经营者与燃气用户都是平等的市场主体，《〈城镇燃气管理条例〉释义》中"维护燃气经营者和燃气用户的合法权益"的规定更应该建立在供需双方权利义务平等的基础上，对市场地位较弱的燃气用户适当予以倾斜保护，但这一做法的前提条件必须是"双方权利义务平等"。如果一方面令燃气经营者不享有建筑物规划红线内燃气管道所有权，另一方面却使其在没有委托合同关系的条件下负有对他人财产进行运行、维护、抢修和更新改造的义务，且部分燃气经营者还要自行负担费用，这显然不是"双方权利义务平等"的体现，"维护燃气经营者和燃气用户的合法权益"更是难以实现，从而影响城镇燃气事业的健康发展。对此，必须从"双方权利义务平等"入手，以法治建设为抓手，以制度创新为关键，合理设计建筑物规划红线内燃气管道监管制度。

其一，重构天然气管道经营者建筑物规划红线内燃气管道运营维护的权利义务关系。《民法典》第278条第1款第8项规定：改变共有部分的用途或者利用共有部分从事经营活动，属于业主共同决定事项。第2款规定：决定第1款第8项规定的事项，应当经参与表决专有部分面积四分之三以上的业主且参与表决人数四分之三以上的业主同意。这里建议两种模式：

第一种模式是将建筑物规划红线内燃气管道赠与燃气经营者，由燃气经营者承担建筑物规划红线内燃气管道运行、维护、抢修和更新改造的义务和费用。同时，为降低燃气经营者的运营成本，建议免除燃气经营者接受赠与的契税和印花税。第二种模式是由业主委员会和燃气经营者签订关于建筑物规划红线内燃气管道的委托管理协议，委托燃气经营者对建筑物规划红线内燃气管道进行管理。燃气管道的运行、维护成本计入燃气经营者的运营成本，抢修和更新改造的费用由全体业主承担。

其二，在政策层面将建筑物规划红线内燃气管道的更新改造费用纳入住宅专项资金支付范围，解决燃气管道更新的资金来源问题。

燃气管道的更新费用高昂，不论对于燃气运营者还是对于燃气用户而言都是较大的负担。目前，对于是否可以使用住宅专项资金支付建筑物规划红线内燃气管道的更新改造费，地方性规范文件层面大致可分为两类规定。第一类规定允许使用住宅专项资金支付建筑物规划红线内燃气管道的更新改造费。例如，陕西省《陕西省城市住宅共用部位共用设施设备维修基金使用管理办法》第 9 条将"对水、电、气等管线进行的全系统拆换、改装、更新"纳入"住宅共用部位共用设施设备维修基金"适用范围；《江苏省住宅共用部位共用设施设备维修基金管理办法》第 1 条将"建设费用已分摊进入住房销售价格的共用的煤气线路"纳入"共用设施设备"范围，使用共用部位共用设施设备维修基金进行更新。第二类规定将建筑物规划红线内燃气管道的更新改造排除在住宅专项资金支付范围之外，例如广东省《惠州市住宅专项维修资金管理实施细则》第 2 条在对"住宅共用部位、共用设施设备"进行界定时，未将燃气管道纳入公用设施设备范围。因此，本书建议，在重构天然气管道经营者建筑物规划红线内燃气管道运营维护的权利义务时，如果采用第二种模式，即建筑物规划红线内燃气管道建成后，由业主委员会与燃气经营者签订委托合同的模式下，建议在修改《城镇燃气管理条例》时增加委托条款，在政策层面将建筑物规划红线内燃气管道的更新改造费用纳入住宅专项资金支付范围，适用建筑物专项维修基金。

其三，在行政法规和地方法规层面统一规定城镇燃气管道经营者与居民客户关于建筑物规划红线内燃气管道运营维护义务和由此产生费用的分界点，为双方纠纷的发生提供有效预防机制。我国行政法规没有对建筑物规划红线内燃气管道运营维护义务和由此产生费用的分界点，地方法规对此作出不同规定，这一现状可能导致的问题是，针对同一案件在不同的省份可能会出现不同的判决，没有明确规定建筑物规划红线内燃气管道更新义务以及费用承担问题和虽明确规定建筑物规划红线内燃气管道运行、维护、更新、改造义务但没有规定费用承担问题的省份可能无法从总体上有效消除建筑物规划红线内业主与管道燃气经营者之间的纠纷。对此，笔者认为，应以修改《城镇燃气管理条例》为契机，在国家行政法规层面以建筑物规划红线内燃气管道的所有权为依据，对运行、维护、更新、改造义务和由此产生费用的分界点作出统一规定。具体而言：(1) 在建筑物规划红线内燃气管道为政府所有的情况下，可以规定由政府与管道燃气经营企业通过特许经营合同，约定由管道燃气经营企业承担燃气管道的运行、维护、更新、改造义务并承担由此产生的费用。(2) 在建筑物规划红线内燃气管道为管道燃气经营企业所有的情况下，可以规定由管道燃气经营企业承担燃气管道的更新义务并承担由此产生的费用。(3) 在建筑物规划红线内燃气管道为全体业主共有的情况下，管道燃气经营企业承担建筑物规划红线内包括燃气计量表在内的燃气管道和业主专有部分燃气管道和燃气器具的更新义务，共有管道更新产生的相关费用可由全体业主通过住宅专项资金进行支付，业主专有部分燃气管道和燃气器具更新产生的费用由业主自行负担；或允许管道燃气企业不再另行单独收费，将业主共有部分的燃气管道更新产生的费用纳入天然气销售成本。

二 构建科学合理的城镇燃气特许经营与天然气直供协调发展模式

(一) 坚持以理顺天然气价格机制为改革目标

调研发现，天然气直供缺乏对城镇燃气特许经营者利益的考量。天然气直供的兴起只是表象，深层次的问题在于天然气价格被行政手段扭曲导致天然气价格难以平衡各方利益。造成这一问题的关键在于，天然气现有定价机制僵化，行政垄断问题严重，导致天然气价格无法真正反映商品的市场价值，居民用天然气价格倒挂并需要工业用户补贴居民用户就是这一定价机制造成的直接后果。打破天然气价格的行政垄断，充分发挥市场在资源配置中的决定性作用，为天然气的市场化进程营造有力的制度环境，是天然气管理体制改革的导向性目标。

回顾我国天然气价格机制演进过程，中华人民共和国成立后至改革开放之前，我国天然气产业实施的是高度集中的政府定价；改革开放后，计划经济开始向社会主义市场经济体制转轨阶段，我国天然气产业实施的是国家定价和国家指导价并存，价格对市场开始具有感知力，但这一政策的目的只是筹集天然气开发资金，并没有真正的市场化思维；2005年之后，天然气产业实施政府指导价，拉开了天然气市场化改革的序幕，开始从政府直接干预向政府提供信息、保障天然气市场秩序、推动天然气市场竞争转变，取消了天然气价格双轨制，将定价方法由"成本加成"转向"市场净回值"。总体而言,确定了通过竞争形成天然气市场价格的远期目标。随着 2013 年《调整天然气价格的通知》、2014 年《调整非居民用存量天然气价格的通知》、2015 年《理顺非居民用天然气价格的通知》、2016 年《推进化肥用气价格市场化改革的通知》和《明确储气设施相关价格政策的通知》等一系列政策的陆续出台,页岩气、煤层气、煤制气、LNG、化肥企业直供用户天然气价格相继放开,国内天然气价格市场化程度显著提高。

我国天然气市场定价机制沿革历史表明,目前政府定价仍然贯穿天然气开采、运输、配送等各个环节。然而,需要注意的是,市场经济要求的是政府对市场保留必要的指导,政府的主要作用是保护竞争、维持秩序,而非制定商品价格。在政府定价的前提下,也就不难理解为什么居民用气的成本高而价格低,工业用户的用气成本低而价格高了。以行政权力带来的市场垄断不可避免地会带来企业和政府行为以及角色的扭曲,并伴随着生产效率的降低。在行政力量垄断天然气市场的情况下,实现天然气的商品属性和天然气价格市场化就变得愈加重要,但这必定是一个漫长的过程。在行政力量控制天然气定价的宏观环境下,上游天然气供应商越过管道燃气经营者与终端用户构建合作就是因此而产生的。因此,在我国经济发展已经进入新常态、大力转变经济发展模式的大背景下,应当进一步放开天然气价格。摆脱行政垄断之后,天然气的商品属性逐渐恢复,天然气行业市场活力逐步增加,天然气价格可能会有所攀升。

必须看到,一方面,天然气价格的高低必须反映市场的需求;另一方面,在理顺天然气价格形成机制的前提下,天然气价格的攀升有助于反映高能耗企业的环境成本,有助于在形成经济高质量发展的过程中淘汰低附加值企业,推动企业积极主动寻找各种替代能源产品,降低经济发展成本。更为重要的是,当天然气价格反映市场需求时,能够形成体现不同客户群的真实成本的天然气价格时,管道燃气经营者的城镇燃气特许经营和天然气直供的矛盾也就迎刃而解了。

(二) 以合理补偿机制为基础构建城镇燃气特许经营与天然气直营协同发展模式

城镇燃气特许经营的出现有其特定的历史背景,其诞生初期的主要目的是要解决城镇燃气管网等基础设施建设不足的困境,这一制度的实施对我国城镇燃气管网的建设和发展起到了极大的推动作用。天然气直供的出现是我国天然气市场化改革的必然产物,主要目的是放开直供用户的天然气价格,打通天然气产业上下游的通道,减少天然气供应环节,从而实现下游企业用气成本的较低。安徽、辽宁、重庆、山东、广东、福建、济南、成都等地方政府出台的天然气直供政策均以此为目的。然而,需要指出的是,天然气市场化改革必须兼顾各方利益。2019年党的十九届四中全会提出,要坚持"法治国家、法治政府、法治社会一体化建设"。法治国家就是要让遵守法律的理念渗透进治国理政的方方面面,以良好的制度体系和执行制度的能力实现国家的长治久安;法治政府就是让政府的公权力在法治的轨道上运行,以反映社会需求的法律和多方参与的善治来规制政府的公权力;法治社会要求国家各项权力的行使和社会各项关系的处理必须以法律为准绳,在法律面前人人平等。2015年6月1日,国家发改委等六部委发布实施的《基础设施和公用事业特许经营管理办法》第36条规定:"特许经营者的预期利益因为法律和政策修改或确实因公共利益的需要而受损的,有权得到相应补偿。"2016年11月4日,中共中央、国务院印发《关于完善产权保护制度依法保护产权的意见》第7条更是对"完善政府守信践诺机制"提出了明确要求,在因国家利益、公共利益等法定事由需要变更合同和政府承诺的,需要补偿企业和投资人因此而受到的损失。降低终端用户的用气成本、放开天然气价格、稳步推进天然气市场化改革,是事关国家利益和社会公共利益的重大事项。城镇燃气特许经营者依据《城镇燃气管理条例》获得特许经营权,属于合法权益。城镇燃气特许经营和天然气直供都是天然气市场化改革在不同历史时期所采取的相应措施,当天然气市场化改革需要牺牲城镇燃气特许经营者依法取得的合法利益时,必须给予相应的补偿。政府的公信力反映了政府对法律的信仰,法律得到良好的遵守和实施才是天然气市场化改革得以持续的动力,也是实现国家治理体系和治理能力现代化的必然要求。

基于此,笔者提出,在尊重现阶段天然气直供和城镇燃气特许经营并存的实际情况的基础上,以实现天然气市场化改革为总体目标,实施精细化协同发展方案,共分为六种情况分别处理:

(1) 城市燃气特许经营者的投资者退出市场,将城市燃气特许经营者并入国家管道公司,特许经营权剩余期限由国家进行赎买,不再区分居民用户和非居民用户,所有用户和上游供气商直接签订买卖合同,国家管道公司收取输气费用；（2）在现有城镇燃气特许经营区域内的工业用户可以与上游天然气供应商签订天然气直供协议，利用城镇燃气特许经营者的管网进行输送并收取输气费用，在制订输气费用时应当充分考虑城镇燃气管网建设成本；（3）在城镇燃气特许经营者收取管网输气费用且输气费用中不包含城镇燃气管网建设成本的情况下，由国务院出台相关政策，在企业所得税减免、企业融资门槛等方面予以倾斜，补偿城镇燃气特许经营者的损失；（4）在城镇燃气特许经营范围外的工业用户与上游天然气供应商签订天然气直供协议，由上游天然气供应商取得当地城镇燃气特许经营权之后修建管道进行供气；（5）将城镇燃气特许经营者的特许经营地域范围扩大，由三方共同出资修建天然气管道进行供气，由城镇燃气特许经营者负责运营，供气价格可由三方协商；（6）在离LNG接收站较近地区，由上游天然气供应商、城镇燃气特许经营者、工业用户三方共同出资兴建LNG配送公司，由城镇燃气特许经营者控股进行LNG配送，或采取由上游天然气供应商进行LNG直供，将其他区域划入城镇燃气特许经营范围作为补偿。

三　完善燃气盗窃行为的法律治理机制

（一）事前积极预防

一是完善社会诚信体制。信用是市场经济的基石，健全的社会信用体系是市场经济健康快速发展的必然要求，是维护市场经济运行秩序的重要保证。历史经验表明，社会信用体系在国外发达国家和经济高速发展的地区建设过程中，发挥了巨大的推动和保障作用。在对燃气盗窃进行治理时，应当完善我国当前的诚信体系建设，从源头上解决偷盗燃气行为。具体来说，一方面应当加大对诚信用气的宣传力度，利用广播、电视、网络等各种传媒平台，让广大的燃气用户从思想上树立起"盗气可耻"的观念，加强对燃气用户的道德束缚；另一方面，要完善失信惩戒措施，将盗窃燃气行为纳入征信体系之中，完善相应的信息记录共享、个人和企业信用管理、失信惩戒部门联动等机制，使合法使用燃气行为成为诚实守信的一部分。当个人和企业一旦出现盗气行为，不利影响将会延长到今后的生活生产之中，从而加重其盗气成本。

二是推进智能燃气表入户。在万物互联成为大势所趋的时代，老式的燃气表不仅与时代发展显得格格不入，还会加重企业的管理成本并且存在一定的安全隐患。智能燃气表则可以很好地解决这些问题,智能燃气表较之老式燃气表而言,能够进行实时监控、智能抄表,降低燃气公司的运营成本投入;联动燃气泄漏报警器,保证燃气用户的用气安全;实现阶梯计价模式,灵活调节不同时间段内的计价方式和价格;收集客户用气数据,拓宽企业盈利渠道。各大燃气公司对于新增部分用户都安装了智能燃气表,而对老用户安装的老式燃气表的处理,各个燃气公司的做法并不统一,有的公司免费给用户更换老表,有的则选择维持现状。调研中发现,现实中存在老用户更新燃气表的资金承担主体不明的问题。笔者认为,各地政府应当出台政策将更换燃气表的责任落实到燃气企业身上,由燃气企业承担换表的全部支出。一方面,燃气企业在实现盈利的目标之外,还应承担起相应的民生责任;另一方面,更换智能燃气表可以省去每月上门抄表的人工成本,便利企业对用户的管理,企业还可利用智能燃气表收集的用户用气大数据拓宽公司的盈利渠道。

(二) 事后精准打击

一是制定多部门的联合执法规范,完善盗气治理行为的法律依据。对燃气盗窃案件的事后精准打击需要充分发挥公安、检察院、法院三机关的职能,明确打击燃气盗窃案件的判罚依据,提高相关部门的参与度。笔者认为可以参照黑龙江省、天津市两地的做法,针对燃气盗窃行为各地制定一个统一的多部门联合执法规范,对盗气行为的定性、盗气量等作出明确的规定,为各地执法部门打击盗窃燃气犯罪行为提供依据。

分别承担侦查、审查起诉、审判职责的公安、检察院、法院三机关理所应当参与规范的制定。此外,笔者认为以下部门也应当参与规范的制定:其一是司法局。司法局作为律师的行业主管部门,可以代表律师参与制定规范,从而将控诉、审判外的另一角色——辩护,也纳入了执法规范的约束范围。其二是燃气行政主管部门。司法机关对盗窃燃气行为定罪量刑时,必须以违反行政管理法规为前提,而且刑事认定标准,特别是燃气的计量与计价标准,必须与行政执法标准相一致。行政部门参与制定规范,本身就是对当前燃气行政管理法规不完善之处的有益补充,也能够成为行政执法的依据,从而加大对盗窃燃气行为的行政处罚力度,建立起与刑事司法的有效衔接机制。其三是质量技术监督部门。质量技术监督部门的参与可以使执法规范的制定更加具有科学性、开放性和公正性,从技术上保证燃气计算标准的科学严谨性。

二是修改司法解释，合理确定盗气量的计量标准。如前文所述，"两高"出台的《关于审理盗窃案件具体应用法律若干问题的解释》第 4 条第 3 款规定的盗气量计算方式无法解决被告人不通过法定燃气计量装置使用燃气的情况。对于此种情况，作者认为应当修改司法解释，根据盗窃燃气不同的行为方式采取两种计算方式：①不通过法定燃气计量装置使用燃气的，盗窃气量按照管道单位输气量或者实际管道单位耗气量乘以实际使用时间计算。②擅自改装、损坏法定燃气计量装置使用燃气的，盗窃燃气量按照燃气设备额定用气量总和或者设备装置最大流量乘以实际使用时间，减去当期已经合法计量的燃气量计算。

专题六

LNG 港口转运安全风险管控的现实样态、制度图景和效能跃升[*]

第一节 导 论

一 研究背景

（一）我国 LNG 的发展现状

液化天然气（Liquefied Natural Gas，LNG）作为一种清洁高效的能源，是目前全球体量增长最快的一次性能源，受到各国的普遍欢迎。"十三五"期间，国家层面的能源结构调整是 LNG 产业发展最为重要的契机。与管道天然气进口相比，LNG 进口具有贸易方式灵活多样、供应安全等优点，叠加非冬季保供期价格相对较低的利好，成为目前中国保障天然气需求增长的主要来源。根据中国海关总署数据，我国 2018 年 LNG 进口量为 $5373×10^4$ 吨，占 2018 年天然气进口总量的 59.5%，LNG 进口量排名世界第二。2017 年，国家发展和改革委员会出台《加快推进天然气利用的意见》，要求完善产业政策、加快 LNG 加注站的建设、推进 LNG 等储气调峰设施建设；2018 年，国家发展和改革委员会印发《关于加快储气设施建设和完善储气调峰辅助服务市场机制的意见》，支持企业异地建设或参

---

[*] 本专题调研组指导教师王江，组长黄东，成员孙睿恒、杨景晖、柏清，执笔人王江、黄东、杨景晖、柏清、孙睿恒。

股 LNG 接收站及调峰储罐项目，完善全国 LNG 储运体系，消除"LNG 孤站"和"气源孤岛"，提高 LNG 分销能力。由此可见，从国家能源发展策略上来看，我国已将 LNG 作为优化环境的重要能源。截至 2019 年，我国已投运 LNG 接收站 21 座，LNG 接收站作为接收进口 LNG、储存 LNG 并外输天然气的基础设施，在我国天然气供应保障和应急调峰中担任着重要作用，发挥着调节季节需求波动、应对供应风险、平抑市场价格等功能。

（二）我国 LNG 进口及转运的发展状况

为缓解环境污染问题，推进能源的清洁化、安全化，天然气作为三大基础能源中唯一的清洁能源，其需求量越来越大。据国家统计局初步核算，2018 年我国天然气消费量增长 17.7%。由于全球天然气资源分布不均，包括我国在内的许多国家因为天然气储量不足，而进行了天然气进口。我国 2019 年上半年天然气进口 4692 万吨，增长 11.6%。据世界能源署的预测，到 2040 年，中国天然气总产量将达到 3350 亿立方米，其中将近 1000 亿立方米来自页岩气，远低于需求量，这意味着中国将大量进口天然气，成为仅次于欧盟的主要天然气进口国。2000—2040 年中国液化天然气的净进口贸易量将呈现迅速增长态势，年平均复合增长率预计为 6.1%。[①] 除了管道运输之外，LNG 远距离越洋运输是天然气进口的另一重要方式，我国 LNG 的进口量在我国天然气进口量中几乎占了一半，其重要地位由此可见。

全世界范围内 LNG 接收站的建设如火如荼，根据国际天然气联盟发布的《2019 全球 LNG 报告》中绘制的全球 LNG 接收站分布图[②]可知，LNG 接收站在中、日、韩三国最为密集。自我国第一座 LNG 接收站——广东大鹏湾接收站 2006 年投入运营，目前已投运 LNG 接收站 21 座。

（三）LNG 港口转运安全的风险管控问题

由于 LNG 易燃易爆、低温以及系统工作压力高等特点，若发生 LNG 泄漏事故，破坏力极大。1944 年美国俄亥俄州克利夫兰市 LNG 站爆炸事故和 2009 年上海洋山深水港 LNG 接收站爆炸事故给了后人以警醒。出于对安全考虑，我国对 LNG 接收站的安全风险防控进行了较为严格的管理，

---

① 《世界能源展望（中国特别报告）》，第 133—134 页。

② IGU《2019 world LNG report》，第 13 页。http：cngascn.com/public/up loads/file/20190408085000_ 86508.pdf.2019 年 7 月 24 日访问。

在标准制定等方面甚至高于国际标准，这体现了我国对于工业安全的重视，但过于严苛的监管要求也给 LNG 产业带来了更多的束缚。

LNG 接收站作为特殊属性的危险源，我国对其管理也制定了一系列管理规范，要求 LNG 装运船进出港区作业应符合国家相关法律、法规、规章及相关规范的要求。这些规范主要包括：《港口法》《液化天然气码头设计规范》《港口危险货物管理规定》《港口危险货物集装箱安全管理规程》《水路危险货物运输规则》《港口工程劳动安全卫生设计规定》等。上述法律、法规、规章是保障 LNG 船在港区 LNG 接收站码头作业实现人、机、物、料、环境等各要素安全的基本要求。此外，政府对 LNG 转运港口进行安全管控的行政行为也需要遵守上述相关法律，做到有法可依、有法必依。

二 研究目的

提升效能要求正确的目标导向、高效益和高能力三者相统一。效能不等于效益，效能还要求体现行政能力的高低；更能凸显长效的特点，经得起历史的检验；观测评价广度和范围更大，更为全面系统；往往将活动结果置于大于行为主体的环境中考察其受益的范围。关注 LNG 港口转运安全风险防控不仅关注安全价值的追求，还关注其更大范围的影响效果，其中就包括政府优化营商环境的追求。市场经济是法治经济，营商环境必然是法治环境。政府对 LNG 企业的监管行为应当遵循"反向推理"的执法思维，对于法律、法规没有规定的事项，不得增设企业的义务、限制企业权利。在现代市场经济环境下，各类市场主体应当在法律上被赋予公平竞争的机会和权利，政府在发挥"有形之手"的宏观调控和市场监管时，应当构建"亲清"政商关系，确保政府行为的连续性、稳定性、一致性。然而实践中，LNG 港口转运安全风险管控在一定程度上出现了企业责任配置畸重、监管目标异化、监管效能低下等问题。本专题将通过确立正确的目标导向，探究监管模式的转型，提出具体可行的建议，以期实现 LNG 港口转运中安全风险管控的效能跃升。

三 研究思路和研究方法

(一) 研究思路

本研究基于 LNG 港口转运的特殊性，根据实际调研情况总结出 LNG 港口转运安全风险管控的实施现状。在此基础之上，探究国家立法、地方政府监管、LNG企业自我安全管理三个方面如何相互配合，以实现在LNG港口转运安全风险管控中发挥出各自最大的优势作为研究的重点内容。政府如何发挥安全监管作用、怎样在确保安全的情况下更好地给各方减负、安全秩序和效率之间如何平衡等是本专题的重点研究问题。最后，由此提出相应的安全风险管控制度建议，以促进LNG港口转运安全风险管控机制的完善。

（二）研究方法

为实现对LNG产业现状的深入调研，了解LNG产业安全风险管控制度蕴含的风险及其对LNG企业的实际影响，并且获取第一手资料，主要采用了以下几种研究方法：

一是文献分析法，在进行实地考察和深度交流之前，通过中国知网和北大法宝等数据库、图书馆资料、政府门户网站、LNG企业网站等平台，全面梳理了国内外LNG产业发展的相关资料，了解LNG产业的一般性发展规律及其演变过程。随后，以"LNG产业""LNG接收与加注站""LNG产业安全监管"等关键词进行法律法规的检索，分别对文件全文进行搜索甄别，筛选出与安全风险管控相关的合适文本。最后，对相关政策文本进行了详细的梳理与分析，对政策可能存在的潜在问题形成初步认识，为之后的实地调研做准备。

二是田野调查法，作者对浙江省舟山市某LNG转运港口进行了实地调研，在受调研企业工作人员的带领下，实地考察了其位于舟山市的LNG接收及加注站项目，主要参观了LNG站中控室、接卸码头、转运码头、滚装船码头等工作区。同时听取了相关工作人员对LNG接收及转运工艺流程和安全风险管控措施的详细讲解，进一步了解了LNG接收及加注站运行的具体过程及安全风险管控现状。

三是深度访谈法，为深入了解LNG企业对LNG产业安全风险管控制度的感受、意见及因应措施，作者与受调研企业的工作人员主要就LNG港口接收与转运的安全风险管控问题进行了深度访谈，并询问有关政策对LNG港口运营以及企业发展的影响情况。

四 研究内容

本专题以保障LNG安全生产、营造LNG产业良好的营商环境为考量，探讨LNG港口转运安全风险管控的效能跃升。本专题结构如下：

第一部分厘清了 LNG 港口转运中存在的安全风险，包括安全风险的种类、来源以及事故统计。

第二部分考察欧洲、韩国、日本、美国等 LNG 产业发展良好国家和地区的安全风险管控情况。

第三部分纵览了 LNG 港口转运安全风险管控的现实样态，介绍了 LNG 港口转运安全风险的政府管控制度和企业内部管控制度。其中，政府管控制度选取了消防监管、油类污染物环境安全监管、港航安全监管和道路运输安全监管四个方面的制度进行介绍；企业内部管控制度选取了兼职安全员、应急处置卡、联动响应、作业票证及进场考核五个方面的制度进行介绍。

第四部分展望了 LNG 港口转运安全风险管控的规范图景，分析了企业的经济价值追求和政府对保障公众安全、优化营商环境的价值平衡，勾画出简政放权、包容审慎监管的制度图景。同时结合研究的实际情况，指出安全风险管控效能低下的具体表现，揭示现行安全风险管控制度中企业责任配置畸重、管控措施叠床架屋、监管目标异化偏离等与制度图景相背离的现象。

第五部分提出了实现风险管控效能跃升的可行建议。谋求风险管控效能跃升的前提是树立优化营商环境、以最优手段推进管控的目标导向；谋求风险管控效能跃升的基础是以"合作型监管模式"代替"压力型管控模式"。为此，在公共服务方面，政府要提高在消防治安、供水供电、基础建设等公共领域为企业进行服务供给的能力，避免市场主体的营利性与公共产品的社会性之间的矛盾；在管控主体方面，政府要提升与 LNG 转运企业和相关产业协会合作共治的能力，从而保证管控制度的合目的性和前瞻性，探索多样化的管控方式；在管控手段方面，政府要加强数据共享平台的打造，提升信息整合交互的能力，避免同一部门多次检查、同一事件多级检查、同一项目重复备案。当然，企业也要继续加强安全风险管控的"内功"修炼，获取监管部门的充分信任，同时对政府建言献策，积极参与到技术规范和产业标准的制定过程中，使自己的诉求得以充分表达。

第二节 LNG 港口转运安全风险管控概览

一 LNG 港口转运安全风险种类及来源

LNG 事故原因主要分为三大类，第一类是管理操作方面的原因，如操作员的作业不规范和接收站管理疏忽等；第二类是设备机械本身缺陷，包括设计、施工，但随着 LNG 工业设备及其材质技术的不断提高，其因设备方面造成的事故已经大幅下降；第三类是外来原因，这是 LNG 事故中最不可控制的因素，本质上也属于管理操作层面的因素，其具体风险来源见图 6-1、图 6-2。LNG 属甲 A 类危险品，在零下 162 摄氏度时为液态，大量 LNG 泄漏后，一部分迅速气化，其余的仍然保持液态，气化产生的气云十分危险，当空气中的天然气浓度达到 5%—16% 时，遇到火源将立刻燃烧甚至爆炸，且低温天然气气云的密度与常温空气相仿，很容易随风飘荡，更加大了燃烧爆炸的危险性。LNG 船通常采用燃料油作为动力，当船体管道设备发生泄漏、船舶发生碰撞、人员操作失误时，会导致 LNG 和船体燃料油大量泄漏，造成环境污染、火灾爆炸事故。可见，火灾事故、爆炸事故是 LNG 码头的主要风险。

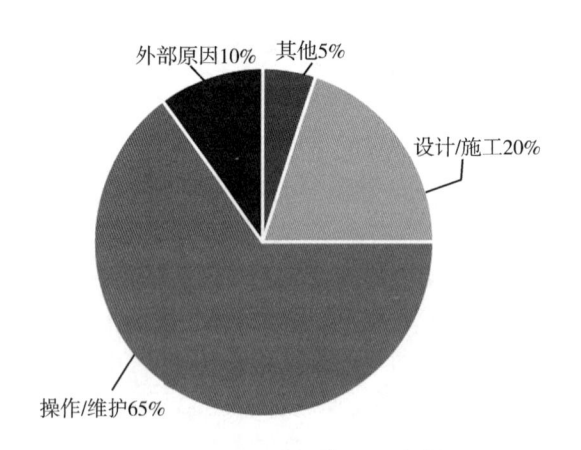

图 6-1　LNG 港口转运风险来源

资料来源：曹广明：《LNG 接收站事故统计分析研究》，《安全、健康和环境》2014 年第 7 期。

LNG 接收站物料的低温深冷且易燃易爆特性、低温装置工艺操作条件的苛刻性以及站址周边环境的复杂性，决定了其安全管控的重要性。自 1912 年第一个 LNG 工厂建成以来，LNG 安全标准经过了一个相当漫长的历程。1944 年美国俄亥俄州调峰站一座 LNG 储罐在低温下发生破裂，造成 4542 立方米的 LNG 泄漏，LNG 液体流入排水管道、蒸发的气体扩散到周围街道，引发了爆炸及火灾事故，造成 128 人死亡。这起事故是 LNG 工业发展史上最大的一起事故，对 LNG 工业造成极大挫折。但随着新的

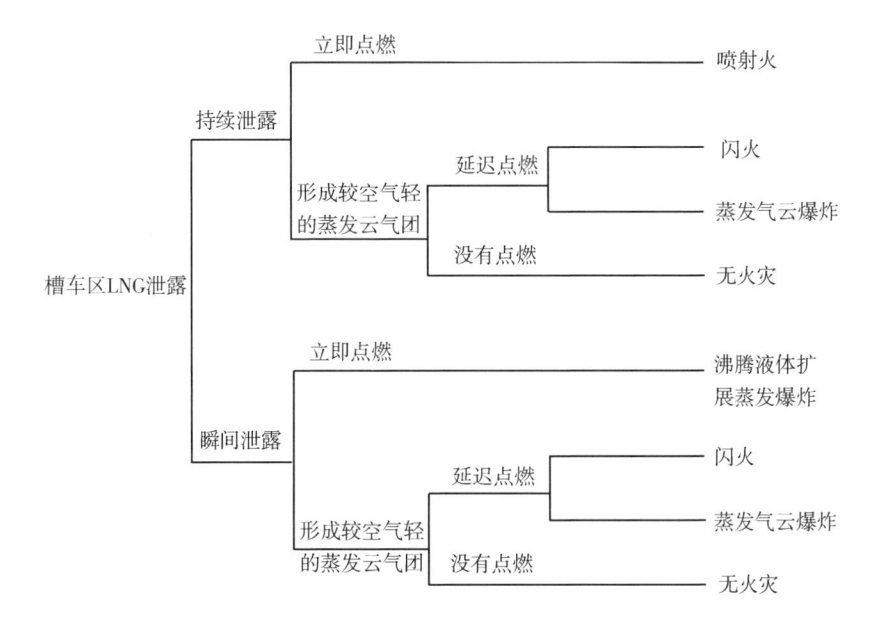

```
                         ┌── 立即点燃 ──────────────── 喷射火
              ┌─ 持续泄露 ┤
              │          │                    ┌─ 延迟点燃 ┬── 闪火
              │          └─ 形成较空气轻 ─────┤          └── 蒸发气云爆炸
              │             的蒸发云气团       └─ 没有点燃 ──── 无火灾
槽车区LNG泄露 ┤
              │          ┌── 立即点燃 ──────────────── 沸腾液体扩
              │          │                                展蒸发爆炸
              └─ 瞬间泄露┤                    ┌─ 延迟点燃 ┬── 闪火
                         │                    │          └── 蒸发气云爆炸
                         └─ 形成较空气轻 ─────┤
                            的蒸发云气团       └─ 没有点燃 ──── 无火灾
```

图 6-2　LNG 港口转运风险表现

资料来源：宋峰彬、陈功焱、黄刚：《液化天然气接收站槽车区 LNG 泄漏事故树分析》，《化学工程与装备》2011 年第 11 期。

9%镍钢低温材料设备和泄压等存储技术的应用，使 LNG 工业保持了一个长达 30 多年的安全纪录。

二　LNG 港口转运安全事故的统计与分析

国际 LNG 进口组织的 LNG 事故库主要记录了 38 个 LNG 接收站和调峰站的事故。整个事故数据研究可分为两个阶段，第一阶段为 1965—1994 年，收集的事故数为 144 起；第二阶段为 1995—2000 年，收集的事故数为 102 起。GIIGNL 事故数据库将 LNG 事故划分为三类，分别为：类型 1——危险物质释放，指 LNG、液化石油气（LPG）、液氮或相关的碳氢气体释放，这些释放将导致或可能导致人员伤害、站内外设备及建筑物破坏；类型 2——未遂释放事故，指发生在包含危险物质的系统中的事故，这些事故没有造成危险物质的实际释放，但是它具有造成发生事故类型 1 的可能性；类型 3——其他事故，除事故类型 1 或类型 2 以外，这些事故没有涉及 LNG 站场内的危险物质系统，但是可能增加事故类型 1 发生的可能性。

虽然液化天然气工业运行数量猛增，但事故发生率几乎是稳定在一个低水平的，根据全球范围内发生的 LNG 接收站事故统计表明，LNG 接收站的事故发生频率约为 0.33 次/（站·年），具体数据见表 6-1。其中危险物质泄漏的发生频率为 0.22 次/（站·年）。

表 6-1　　　　　1965—2000 年 LNG 接收站的事故发生统计

时期	事故次数	当年的 LNG 接收站数量	事故频率 [次数/（站·年）]
1965—1974 年	15	44	0.34
1975—1984 年	52	179	0.29
1985—1994 年	94	327	0.29
1995—2000 年	85	191	0.45
总计	246	741	0.33

资料来源：曹广明：《LNG 接收站事故统计分析研究》，《安全、健康和环境》2014 年第 7 期。

LNG 运输船舶转运过程发生的事故主要是失误操作导致，过量充装、阀门泄漏、搁浅等是最主要的原因，其造成的危害主要是少量 LNG 泄漏，导致甲板或船舶有关部件受损，具体事故见表 6-2。

表 6-2　　　　　LNG 运输船舶转运过程具体事故统计

时间	船名	事件描述	后果
1965 年	Cinderella	装船时充装过量	无
1965 年	Methane Princess	分离时阀门泄漏	LNG 溢出，船舱盖板和甲板破裂
1971 年	LNG Palmaria	卸船时压力突增	LNG 溢出，甲板破裂
1974 年	Methane Progress	在港内触到海底	LNG 溢出，船舱顶部受损
1977 年	LNG Delta	在海中阀门故障	无
1977 年	LNG Aquarius	装船时充装过量	LNG 漏出
1979 年	Mostefa Ben Boulaid	卸船时阀门泄漏	LNG 溢出
1979 年	Hoegh Galleon	卸船时阀门泄漏	LNG 漏出，甲板破裂
1979 年	ElPaso Paul Keyser	在海中搁浅	船体和维护系统严重受损
1980 年	LNG Taurus	在港内搁浅	船体损伤
1985 年	Bebatik	在港内舵机失效	无
1985 年	Isabella	卸船时阀门失效	LNG 漏出，甲板破裂
1989 年	Tellier	装船时系泊处断开	LNG 漏出，船体损伤

续表

时间	船名	事件描述	后果
1990年	Bachir Chihani	在海中船体疲劳	结构裂缝
2002年	Norman Lady	在海中与潜艇相撞	船体轻微受损

资料来源：曹广明：《LNG接收站事故统计分析研究》，《安全、健康和环境》2014年第7期。

综上所述，LNG虽是特殊的危险源，但随着技术的发展和管理的规范，其发生事故的概率极低，加之专用船的运输方式、LNG港口选址与居民区有安全距离，即使发生事故对社会环境影响也比较轻微。在我国，自第一艘液化天然气船舶投入商业运营以来，国内外液化天然气码头还没有发生过爆炸、燃烧等严重事故，安全性极高。

第三节 LNG港口转运安全风险管控的域外考察

一 欧盟LNG港口转运安全风险管控

欧盟并未制定专门关于LNG安全风险管控的规范，而是将LNG纳入危险物质和天然气的安全法规体系中。在世界范围内，欧盟是资源环境法发展最为活跃的区域，其先进的资源环境法律制度适用于LNG产业安全风险管理方面。例如，欧盟在化学品管理上的REACH条例、化学事故防范方面的塞维索法令、民防机制和"112"应急联动模式等就十分先进，这些制度同其他相关制度一同构成欧盟环境应急管理制度体系。这些规定对包括LNG在内的危险源监管有着重要影响，走在了环境应急管理制度的国际前沿。其中最具有代表性的立法主要有：1996年通过的《有关危险物质的重大事故灾害的控制指令》（*Directive96/82/EC on the Control of Major-accident Hazards Involving Dangerous Substances*，简称《塞维索法令Ⅱ》），2012年在此基础上通过了《塞维索法令Ⅲ》；2007年通过的《建立民防财政工具的决定》（*Decision2007/162/EC of establishing a Civil Protection Financial Instrument*）；以及同年通过的《建立共同体民防机制的决定》（*Decision2007/779/EC establishing a Community Civil Protection Mechanism*）。欧盟法规中有6个法规常被欧盟成员国作为审批LNG站场和设施项目的依据，这些法规主要规定了成员国在环境安全、环境评价与保护、市场准入和授权规则等方面的职责和要求，同时通过要求成员国对 LNG 经营者提出要求来规范经营者的工作。欧盟统一的法律体系建立了欧洲同一的市场秩序，也使欧盟各国可共享英国、法国、德国等老牌发达工业国家的经验。

根据塞维索法令，欧盟制定了天然气内部市场的共同规则，规定了各成员国或主管部门应客观、公平地建立兴建天然气设施的授权程序、制度；应指定或制定安全标准，建立最低限度的技术设计要求；规定成员国应确定设施经营者和操作人员的任务与制度要求。此外，还规定了对某些计划和程序的环境影响评估和对某些公共和私人项目的环境影响评估，要求计划在被采用或提交确定程序之前应进行环境评估、编制环保报告、征询专家和公众意见、进行跨界协商。

以英国对 LNG 转运站的监管为例，可以展现欧盟对 LNG 产业监管的规定。根据上述欧盟对天然气和危险物质的管理规范，各成员国需制定适用于 LNG 等危险物质的本国法规，指定政府安全监管机构，规定监管程序和监管职责，提出对危险物质经营者的要求。英国适用于 LNG 的安全法规及其主要内容如下：（1）《危险物质规划条例》和《管道安全条例》规定："所有希望储备某些危险物质且储存量高于规定阈值的机构，在站场建设前必须向当地危险物质管理部门（简称 HSA）申请危险物质同意书。"其中，明确 LNG 的阈值是 15 吨。通过控制土地利用规划、控制新的重大危险性工厂的发展并确保这类工厂长期与公共场所分离，以减少重大事故对周边社区的影响。（2）《重大事故危害控制条例》（简称 COMAH 法规）规定：健康和安全执行局（简称 HSE）英格兰和威尔士的环境工程处、苏格兰的环保局为陆上储存危险物质的站场和设施的主管机构，其中 HSE 是英国 LNG 安全的领导机构。COMAH 法规明确了各管理机构的职责与要求，也是规范企业的主要法规。（3）《港湾地区危险物质条例》《港口海事安全守则》的适用范围则主要针对船上的危险物质。

二 韩国 LNG 港口转运安全风险管控

韩国是全球主要的四个 LNG 进口国之一，韩国目前已有平泽、仁川、统营、三陟四个大型的 LNG 基地，业主和操作者均为韩国天然气公司（KOGAS），其中的平泽 LNG 接收站是世界上最大的 LNG 接收站。截至

2018年年底，韩国LNG进口量增长至6000万吨。2017年11月，仁川液化天然气基地发生了储藏罐煤气泄漏事故，事故调查结果显示，接口管理不善是造成事故的原因之一，因此为了强化液化天然气的安全管理，2019年6月，政府新设了接口管理标准，以防止液化天然气储藏罐过度充电。与此同时，在LNG储藏罐精密安全诊断项目上新增"确认是否遵守安全维持标准"的项目，使LNG储藏罐安全管理标准得到了部分加强。

为对燃气事故进行后续处理，仁川市着手修订《仁川LNG基地的天然气领域现场措施行动指南》，将事故传播体系从现行的三个阶段（韩国燃气公社仁川基地总部→韩国燃气安全公社→产业通商资源部、地方自治团体）改为两个阶段，即事故后立即向仁川市等有关机关（产业通商资源部、支车体、消防总部、韩国燃气安全公社、警察署）同时传播。另外，在新的指南中还包括新设能够迅速向地区居民传达事故消息的传播体系，在发生煤气泄漏事故时，应立即向仁川市或延寿区的居民发送紧急灾难短信（CBS）。

为预防全国LNG生产基地等主要天然气设施的安全事故，韩国监管部门定期对全国四个LNG生产基地85个设施安全管理现状进行集中检查。燃气公社组成民官联合检查组，重点确认四个生产基地（平泽、仁川、统营、三陟）内85个设施、构造物、煤气、电、消防五个领域的安全。安全检查组由首尔科学技术大学教授、民间专家和政府、地方自治团体、消防署、韩国燃气安全公社、韩国电力安全公社、韩国国土安全研究院等共同组成。

三 日本LNG港口转运安全风险管控

自20世纪60年代起，LNG在英美两国开始成熟应用，成为一种新的能源利用方式。随着LNG大规模产业化的发展及远洋运输成为可能，急需能源的日本迅速加强了LNG理论的学习、技术的引进、接收站的建设，开始大规模地进口LNG。1969年，日本首个LNG接收站——根岸接收站开始接收美国阿拉斯加的LNG，几年后日本就成为世界最大的LNG进口国，并一直保持到现在。1990年日本LNG进口量曾占世界总量60%，近10年开始降低，2008年约占世界总量的40%，总量共920亿立方米。截至2017年年末，日本共建成LNG接收站34座，储罐189个，储存能力达1866.82万立方米，LNG码头30座，共有LNG装卸船泊位38个，涉及管道、公路、铁路、水路等多种运输方式,建设规模居世界首位。①

日本LNG接收站的建设与运营有着严格的法律规定与审批程序,其主管机构为经济产业省、港湾局、消防署、海上保安厅等。经济产业省资源能源厅属下有大量的审议会、小委员会(专家委员会),每年都会提出大量的研究报告和法规修改。日本LNG法规最主要的有燃气事业法体系、高压燃气保安法体系、电气事业法体系,其分别适用于不同领域:为发电厂供气的接收站,适用于电气事业法;为居民及工业用户供气的接收站,适用于燃气事业法;其他(既供气民用又供气发电)接收站适用于高压燃气保安法。各法律下面再设相关的技术规范,除此之外还有港湾法、消防法等。

由于日本特殊的地理位置与地形条件,地震、海啸的自然灾害频发,因此,政府对LNG接收站的安全监管较为严格,主要针对地震、海啸及其次生灾害可能对LNG接收站带来的安全隐患进行预防与规避。其次,日本接收站需要海上保安厅监管,该部门虽为行政部门,但拥有强大的武装力量,减少了监管盲区的同时,又在一定程度上提高了企业运营的安全性。最后,日本在许多LNG核心设备上处于世界半垄断的地位,日本政府仍然大量投资对LNG的研究,日本研究机构对世界LNG产业的资料收集、研究极为深入,为其先进的安全监管方式提供了理论支撑。不难看出,日本政府对LNG产业的安全监管非常具有针对性,在解决现实安全问题的同时,又保证企业一定的灵活性。虽然中国与日本的地理条件、地形特征区别较大,但是日本政府的安全监管体制仍然值得我们借鉴与学习。

四 美国LNG港口转运安全风险管控

美国在20世纪70年代后便开始建设LNG接收站,技术发展较早也较为成熟。美国的接收站储罐容量一般都较小,数量也较少,LNG接收站周边安全距离较大,常使用安全距离最远的离岸接收站。美国的LNG接收站在总体布局上,其厂区及泊位大都依工程条件呈不规则形状布置,部分接收站距罐较远,如美国的墨西哥湾采取海上(离岸)布置。根据美国危险物质安全办公室(U. S. Office of dangerous Materials Safety)提供的

---

① 李健胡、萧彤:《日本LNG接收站的建设》,《天然气工业》2010年第30期。

最新数据,美国每年有 10 万多艘危险海运货物(包括 LNG 在内的挥发性化学品)经过现有或拟议的特定港口。美国关于 LNG 的法律、法规和标准主要有《天然气法》(Natural Gas Act)、《管道安全法》(Pipeline Safety Act)、《海上运输安全法》(Maritime Transportation Security Act)以及《美国消防协会(NFPA)标准和规范》《美国石油学会(API)技术规范体系》等。

美国交通部(DOT)和联邦天然气运输委员会(FERC)是联邦机构,主要负责陆上 LNG 设施的监管。虽然联邦法律没有明确规定交通部和联邦能源管理委员会的相对管辖权,但这些机构通过跨机构协议明确了各自的角色。各机构职能与相关当局的关系概述如下:

(1)国会通过属下的国会研究部组织专家提出 LNG 研究报告,并据此作出法规决策。"非政府"的各专家委员会如国家安全委员会(NSC)、美国消防协会(NFPA)、美国认证协会(ACI)等制定详细的技术规范并参与企业审核。美国国会研究部非常注重对 LNG 安全与国家需求(利益)之间平衡的研究。(2)陆上的 LNG 接收站由美国能源部联邦能源监督管理委员会审批、监管。根据 2005 年《能源政策法》修订的《天然气法》第 3 条之规定,联邦能源管理委员会对新建 LNG 接收站的出入口、选址、建设和运营,以及对现有 LNG 接收站的改造和扩建,拥有审批权限。(3)海上的 LNG 接收站由美国海岸警卫队审批、监管。美国海岸警卫队有权审查、批准和验证拟议的陆上 LNG 海上接收站周围的海上交通计划。(4)美国交通运输部亦负责管道运输、LNG 船、LNG 港口的管理,为 LNG 设施的选址、设计、施工和运营发布最低安全标准。(5)美国国家安全委员会专家委员会负责安全、卫生、事故等监督,美国国家防火协会专家委员会制定 LNG 技术法规。

第四节 LNG 港口转运安全风险管控的现实样态

一 LNG 港口转运安全风险的政府监管

以制定主体为区分标准,LNG 港口转运安全风险管理机制可分为国家强制规范和企业内部规定。从规制的内容上看,其囊括了消防安全、港航安全、环境安全、道路运输安全等诸多领域。可以说，LNG 港口转运安全风险管理机制是一个规范众多、内容庞杂、各个安全防控领域互有交叉的复杂系统。在接下来的介绍中，笔者不追求贪大求全的描述方式，而是将聚焦研究过程中发现的问题和受调研企业的管理亮点，有的放矢地梳理与之相关的法规政策，找到造成企业困扰的症结所在，从而有针对性地提出可行建议。

（一）LNG 港口转运消防监管

火灾、爆炸事故是 LNG 港口转运过程中的主要风险。在港口转运的过程中，可能会因为突发恶劣天气使船舶发生碰撞、人员操作故障或设备管道故障导致 LNG 大量泄漏，故消防设施的配备和消防责任的落实是 LNG 港口转运消防风险防控中的重要一环。LNG 港口消防领域涉及大量消防技术问题，以《液化天然气码头设计规范》（JTS165-5—2016）和《液化天然气接收站工程设计规范》（GB51156—2015）为代表的技术规范和国家标准对此做出了详细规定。但由于"如何灭火"的技术问题不是此次研究考察的重点，"谁来灭火"的制度安排才是需要聚焦的关键，故我们将着眼于 LNG 港口转运消防主体责任的配置来观察现行制度规范，从消防监管主体和消防监管对象两个方面来梳理双方的权责配置。

1. 消防监管主体的责任配置

近年来，港口消防监督管理工作的机构分工发生了重大变化。一是在 2017 年深化港航公安机关管理体制改革进程中，将港口公安局从所属交通港航单位中分离，移交地方人民政府管理，并依法履行所辖区域内消防管理职责；二是根据 2018 年中央深化党和国家机构改革要求，公安部门的消防管理职责已调整至应急管理部门。在 2019 年 4 月新修订的《消防法》中进一步明确了消防工作监督管理的主体主要是应急管理部门，基于上述原因，《港口监督管理实施办法》在 2019 年 6 月被废止。目前，在法律和部门规章层面已没有专门针对港口或码头消防的规定，LNG 码头消防同样需要遵照《消防法》的规定。依照《消防法》及其他相关规范性文件，监管主体的责任配置主要体现在提供消防公共服务和履行消防监管责任两个方面。其中，提供消防公共服务是政府消防责任的重点，也是消防安全得以保障的关键。

提供消防公共服务包括以下两方面的内容：

一是负责消防设施的规划与维修。各级人民政府应当将包括消防安全布局、消防站、消防供水、消防通信、消防车通道、消防装备等内容的消防规划纳入城乡规划，并负责组织实施，确保城乡消防安全布局符合消防安全要求。当公共消防设施、消防装备不足或者不适应实际需要时，应及时进行增建或改建。另外，对于已有的消防设施，负责公共消防设施维护管理的单位应保持消防供水、消防通信、消防车通道等公共消防设施的完好有效，以保障在发生灾情时能及时应对。

二是消防组织的建立与资金补贴的提供。综合性消防救援队和专职消防队，是承担消防职责的绝对主力军，组建专职消防救援队也是政府提供消防公共服务的重要表现。依照法律规定，地方政府须根据经济社会发展的需要，建立多种形式的消防组织，加强消防技术人才培养，增强火灾预防、扑救和应急救援的能力。其中，县级以上地方人民政府应当按照国家规定建立国家综合性消防救援队、专职消防队，并按照国家标准配备消防装备，承担火灾扑救工作；乡镇人民政府应当根据当地经济发展和消防工作的需要，建立专职消防队、志愿消防队，承担火灾扑救工作。同时，针对单位专职消防队、志愿消防队参加扑救外单位火灾所损耗的燃料、灭火剂和器材、装备等，火灾发生地的人民政府须承担补偿责任。

2. 消防监管职责的履行

消防监管的主体主要是应急管理部门，其职责在于督促企业落实消防安全责任，建立消防安全管理制度，确定专（兼）职消防安全管理人员，落实消防工作经费。此外，应急管理部门还需负责开展针对性消防安全检查治理，消除火灾隐患，加强消防宣传教育培训，每年组织应急演练。另外，由于码头消防的特殊性，交通运输部门也负有在码头管理中督促有关单位落实消防安全主体责任的职责。

3. 消防监管对象的责任配置

受调研企业所经营的LNG储运码头，既是生产、存储、装卸易燃易爆危险品的码头和大型企业，又是消防安全重点单位，同时由于地处新建开发区，距离综合性消防救援队较远，因此被赋予十分严格的企业消防责任。LNG转运企业作为消防监管对象，其承担的消防责任主要表现在国家消防制度落实和火灾扑救工作协助两方面。

从国家消防制度落实来看，为了落实消防安全责任制度，企业需要制定本单位的消防安全制度、消防安全操作规程、灭火及应急疏散预案，同时须按照国家标准、产业标准配置消防设施、器材，设置消防安全标志，并定期组织检验、维修，确保完好有效。此外，企业还需要结合 LNG 转运过程中易发生火灾的特点，组织有针对性的消防演练。相较于一般单位而言，LNG 企业承担更严格的消防责任主要表现在：首先，企业要确定消防安全管理人，组织实施本单位的消防安全管理工作，并建立消防档案，开展每日防火巡查并记录。其次，要保证码头和其他相关设施符合特定的技术标准，同时将 LNG 充装站、供应站、调压站等设施设置在符合消防安全要求的位置。最后，在整个厂区内执行消防技术标准和管理规定，不得携带易燃易爆物品或乘坐公共交通工具进入厂区。

从协助火灾扑灭工作方面来看，虽然国家组建的专职消防队是承担消防职责的主力军，但由于 LNG 转运码头属于储存易燃易爆危险品的大型企业，加之受调研企业所在地距离综合性消防救援队较远，故其负有组建单位专职消防队，承担本单位火灾扑救工作的责任。企业专职消防队的职责是做好本单位的防火、灭火工作，在需要时协同国家消防队扑救外单位火灾。依照规定，专职消防队的运转费用由企业自行承担，专职消防队的建立、撤销、人员编制和干部任免，都须征求当地消防监督部门的意见。另外，单位还须负责为企业专职消防队配备必要的消防车、消防器械等物资。

（二）油类污染物环境安全监管

船舶海洋环境污染可以大致分为油类污染、有毒有害物质破损污染、船舶生活垃圾及污水污染三个方面。结合 LNG 港口的自身情况而言，由于生活垃圾和污水的处理方式相对简单，处理技术也较为成熟，且船舶装载的 LNG 少量泄露后能迅速气化，对海洋环境造成的污染较小，故这两部分的污染监管不是重点。结合现行制度的规定和受调研企业的反馈，我们将着重梳理现行规范中 LNG 港口油类污染的监管体制，考察 LNG 企业所负担的防溢油责任。

船舶污染海洋环境的监管主体主要是国家海事行政主管部门。在《海洋污染防治法》中，只有装卸油类的港口、码头、装卸站和船舶才必须编制溢油污染应急计划，并配备相应的溢油污染应急设备和器材。依照该法附则的解释，"油类"是指任何类型的油及其炼制品。故针对不装卸油类的港口，只需准备一般船舶污染物和废弃物的设施即可，不必专门置备防溢油物资。在《防治船舶污染海洋环境管理条例》和《船舶及有关作业活动污染海洋环境防治管理规定》等行政法规和部门规章中，对港口所需要准备的防污物资进一步确定为"与其装卸货物种类和吞吐能力或者修造船舶能力相适应的污染监视设施和污染物接收设施",没有要求装卸油料之外的码头统一配备防溢油物资。

LNG 船舶接卸过程中可能涉及的油料污染主要来自运输船自身的燃料油泄露。对于 LNG 运输船自身燃料油污染事件的风险防控,现行法律要求当船舶沉没或油料大规模泄露时,其所有人、经营人或者管理人应当及时向海事管理机构报告船舶燃油、污染危害性货物以及其他污染物的性质、数量、种类及装载位置等情况,并及时采取措施予以清除,自行或者委托有能力的单位采取污染监视和控制措施,在必要的时候采取抽出、打捞等措施。总之,规范层面上对 LNG 载运船燃料油的防控措施只要求在泄露时能"及时"清除即可,并没有直接规定 LNG 港口经营单位配备防溢油物资的责任。

(三) 港航安全监管

负责 LNG 码头港航安全监管的主体是交通运输部门。根据《港口经营管理规定》的职能划分,港口所在地设区的市、县人民政府确定港口行政管理部门负责港口的行政管理工作;根据《船舶载运危险货物安全监督管理规定》的职责划分,海事管理机构具体负责船舶载运危险货物的安全监督管理工作。

在港口经营资质的取得条件上,LNG 港口作为装卸危险货物的港口,其经营资质取得条件严于普通港口,需要具备生产管理机构、安全管理制度、岗位安全责任制度及操作规程,具备符合规定的危险货物港口作业设施设备、符合规定的事故应急预案及应急设施设备和具备资质的装卸管理人员等多项额外条件。

在 LNG 货物进出港作业条件上,每次转运作业开始前,港口经营人须按规定向海事管理机构办理申报手续。另外,在装卸、过驳作业开始 24 小时前,经营者应当将作业委托人以及危险货物品名、数量、理化性质、作业地点和时间、安全防范措施等事项向所在地港口行政管理部门报告。未经所在地港口行政管理部门批准的,不得进行危险货物港口作业。再者,由于 LNG 属于易爆炸危险品,依照规定,在开始作业前应划定作业区域并明确责任人,设置明显标志并实行封闭式管理。一切无关人员和船舶不得进入或停靠。一切准备就绪后,港口经营人还须对作业船舶按规定进行安全检查,确保作业的安全状况和应急措施,并在具有从业资格的装卸管理人员现场指挥或者监控下方可进行。由于 LNG 在运输和装卸过程中呈液态，故还须在船上设置岸方应急切断装置控制点，在岸上设置船方应急切断装置控制点，确保在发生紧急情况时能及时停止货物输送作业。

在日常的港口管理中，LNG 码头的经营人需要建立危险货物作业信息系统，实时记录 LNG 的数量、储存地点、理化特性、货主信息、安全和应急措施，并将相关信息按要求提供给管理部门。针对 LNG 港航安全的防控情况，由港口行政管理部门采取随机抽查、年度核查等方式进行检查；海事管理机构对危险货物申报或者报告人员以及集装箱装箱现场检查人员日常从业情况实施监督抽查，并实行诚信管理制度。

（四）LNG 道路运输安全监管

LNG 通常储存在零下 161.5 摄氏度、0.1 兆帕斯卡左右的低温储存罐内，并可通过 LNG 槽车进行陆地运输。LNG 的道路运输，是 LNG 港口转运作业的延伸，也是 LNG 分拨输送的重要一环。作为一种危险化学品，我国现行的法律法规主要从以下几方面对危险化学品的运输做出了具体规定。

首先是运输设备。运输危险化学品，应当根据危险化学品的危险特性采取相应的安全防护措施，并配备必要的防护用品和应急救援器材。用于运输危险化学品的槽罐以及其他容器应当封口严密，防止危险化学品在运输过程中因温度、湿度或者压力的变化发生渗漏、洒漏，槽罐以及其他容器的溢流和泄压装置应当设置准确、起闭灵活。另外，申请从事危险货物运输经营，应当有 5 辆以上经检测合格的危险货物运输专用车辆、设备，专用车辆上配有必要的通信工具。各类危险化学品道路运输企业还须确保危险化学品运输车辆安装符合《道路运输车辆卫星定位系统车载终端技术要求》（JT/T794—2011）的卫星定位装置，并保证车辆监控数据准确、实时、完整地传输。

其次是从业人员。LNG 道路运输企业须配备专职安全管理人员，运输经营的驾驶人员、装卸管理人员、押运人员应当经所在地设区的市级人民政府交通主管部门考核合格后，取得上岗资格证。

最后是运输管理。对于通行区域，LNG 运输车辆限制通行的区域由县级人民政府公安机关划定，并设置明显的标志。未经公安机关批准，运输危险化学品的车辆不得进入危险化学品运输车辆限制通行的区域。对于日常管理，运输经营单位必须定期将运输车辆、运输工具、罐车罐体和配载容器送质量监督部门认可的机构进行检测检验，取得检测检验合格证明后方可继续运营。

二 LNG 港口转运安全风险的企业管控

安全监管的主体在人、关键靠人。除了硬件配备之外，在企业内部构建完备的安全机制，实现参与主体上的全员发动和防控对象上的全面覆盖至为重要。受调研企业在国家规范的大框架之下，结合自身实际，细化并创新了一系列科学合理可操作的内部安全监管制度，在企业中营造了浓厚的安全氛围，在生产中杜绝了可能的隐患，基本实现事故为零的目标。通过实地调研，发现受调研企业的安全风险管控制度具有值得推广的如下亮点：

一是实现了安全监管的渗透化，建立了兼职安全员制度。根据生产的需要，受调研企业内部分为工艺设备、维修分析、财务人力等若干班组。除了专职安全总监、HSE（健康安全环境）部门等专门负责安全监管的组织之外，受调研企业还成立了一支兼职安全员队伍，在完成本岗位工作的同时，兼顾安全方面的部分工作。受调研企业通过在每个业务班组中指定一人兼职负责安全事务的方式，产生了一支 11 人左右的兼职安全员队伍，负责安全管理制度的宣传、安全会议的参加、安全检查的协助以及安全台账的记录等工作。同时，受调研企业划拨专款为兼职安全员发放津贴，保证其工作积极性。

安全工作常涉及多个班组职能交叉的领域，需要各方互相配合协调才能发挥最大安全效益。兼职安全员作为桥梁和纽带，在安全风险防控方面实现了企业各部门之间的信息贯通和咨询互通，为调动各部门共同解决特定安全议题提供了积极的推动作用。同时，企业也以安全兼职员为抓手，将各项安全制度的落实和安全理念的宣传渗透到各部门中去，在企业上下营造浓厚的安全氛围。

二是注重了应急处置的可操作化，建立了应急处置卡制度及联动响应制度。为了应对 LNG 转运过程中可能发生的重大事故危害，受调研企业除结合公司周围环境制定应急救援预案之外，还通过应急处置卡制度，将应急操作流程直观地载明，确保事故发生时能快速反应、果断决策、迅速处置，最大限度地减少危害和影响。

受调研企业的应急预案和应急处置卡由来自海南、宁波、福建、唐山等地技术骨干牵头编制，综合吸取了各家 LNG 接收站的先进做法。应急处置卡中的内容多为应急预案的细化，包含了设备操作规程和维修规程等内容，直观地展现了各种情形下最为妥当的工艺流程和事件处置程序，确保在危急紧张的情况下操作人员也能及时妥善处置。目前，受调研企业共编制和发布了应急预案 33 项，维修规程 63 项，操作规程 92 项，内容涵盖了 LNG 港口转运过程中可能存在的各种风险和可能面临的各种情况。

除了依靠自身力量之外，受调研企业还需充分整合手边资源，实现事故发生后的联动响应。受调研企业与当地医院签订绿色通道协议，当发生安全事故时，受伤人员能够第一时间在当地医院得到救治。另外，还与第三方专业应急救援基地签订消防救援协议，当出现消防救援需求时，应急救援基地会立刻派出消防队进行增援。

三是实现安全管控的全程化，建立了作业票证制度（如图 6-3）及进场考核制度（如图 6-4）。作业票证制度是指在企业厂区内进行易发生安全事故的危险作业时所采取的逐级审批和监控管理制度。进场考核制度主要适用于进厂作业的承包商。通过作业票证制度和进场考核制度，受调研企业在对特殊作业采取更加严格的管理措施的同时成功将安全风险管控的范围延展至进场作业的其他人员，有效化解了内生型和外来型两种风险。

受调研企业的厂区已实现完全隔离。最外层设置有实体围墙，内层生产经营区设置门禁岗亭，并派人员值守。在 LNG 接船装卸的关键时段，工作人员 24 小时值岗值班，没有办理登轮证者一律不许跨过岗亭。另外，由于受调研企业的生产经营区内还有槽罐车停放专卸区域，在该区域内也设有门禁隔离系统，防止车辆驾驶员活动至装卸核心区域。工作人员要进入核心区域内从事各项作业，须事先申请对应的作业票证方可进行。

截至 2019 年的 6 月，受调研企业共开具了 3100 余份/项作业票证，平均每月开具约 340 项。作业票证的内容包括破土、登高、用电、动火、吊装等各个方面，并载明作业的具体人员、内容、时间等关键信息。票证一式三份，一份备案使用；一份交由生产区中控室，由监控人员在中控室内白板上以不同颜色作为作业类别标注并注释有具体作业内容，作为监控厂区作业情况的依据；一份由作业人员随身携带，以备绕场安全人员检查。作业票证按照一人一票，一事一票的标准开具。作业主体或作业内容任何一项与票证不符，都不得在厂区内进行相应活动。作业票证制度使

LNG 装卸核心区域的高危作业安全防控处于直观可见的范围,有效控制了潜在风险。

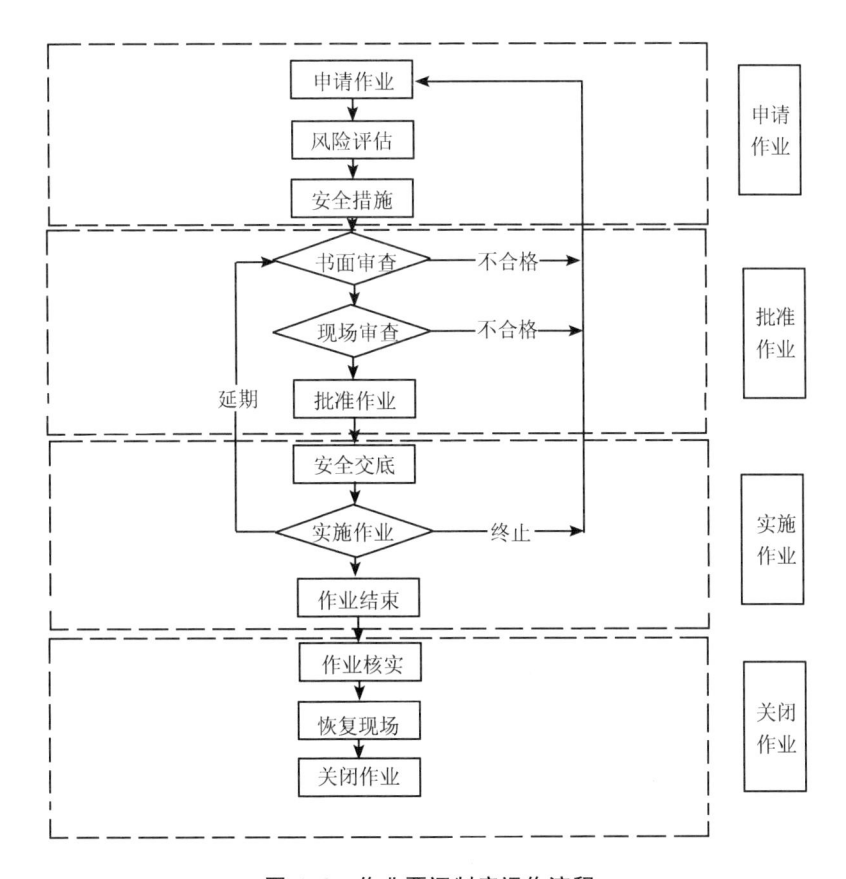

图 6-3　作业票证制度运作流程

进场考核制度主要针对进入受调研企业作业的承包商。随着社会分工的专业化和精细化,诸如施工、维护、运输、测试等专业活动更多地需要委托给承包商。

然而,委托给承包商意味着需要将一个外部企业纳入本企业的风险管理工作范围内。委托给承包商可能会将不熟悉工厂的工艺安全信息、风险源和保护系统的员工置于较高风险的生产环境中。如果这样的承包商进入危险性较高的 LNG 装卸核心区内贸然作业,所引起的事故可能给企业带来不可估量的影响。

受调研企业对于承包商的选择有一套严格的标准,在确定承包商符合公司业务生产和安全防控条件之后,企业还要求入选的承包商针对制定内容自行组织培训。培训完毕且考核合格后，承包商才会得到受调研企业进行再次培训考核的资格。在二次培训中，公司将结合 LNG 装卸的核心风险和生产区域的具体情况进行安全培训，培训结束后，LNG 企业将对培训对象进行二次考核，测试达到 80 分以上者方可进入厂区作业。

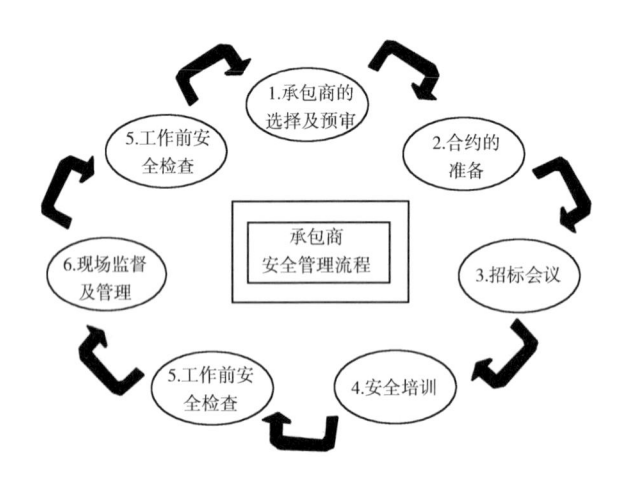

图 6-4 进场考核制度运作流程

如果说作业票证制度是在实际操作过程中对安全隐患进行有效控制的话，进场考核制度就是将可能存在的隐患消灭在未发生状态，从根本上防止生产事故的发生，保障 LNG 装卸过程的绝对安全。得益于以上制度的双管齐下，内生性风险和外源性风险均得到控制，受调研企业一直保持着现场事故率为零的良好安全风险管控成绩。

四是注重转运作业的畅通化，建立了卸前会议制度。LNG 卸料作业开始前的卸前会议，是 LNG 买卖双方信息沟通的重要场所。会议沟通的内容既包括涉及双方经济利益的卸货计量事宜，也包括船舶维修、安保声明、安全法规制度等安全方面信息的沟通。充分有效的信息交流与共享，是保障卸料作业连贯通畅，防止因上下隔阂导致作业事故的重要手段。每一艘 LNG 运载船到港停靠后，受调研企业的有关人员将登船会见船方船长或大副，对其进行操作前情况讲解，并签订保安声明，由船方承诺遵守我方法律法规及安全操作规程。另外，双方还需从技术角度对卸料的顺序、流速、压力等关键参数进行沟通，保证船舶卸料和码头接收的一致性。在作业过程中，驻船接船工程师（Loading Master）除了依靠对讲机与岸上保持实时联系之外，双方还会通过特定通信接口以电缆和光纤进行信息传递。当船上停泵或关阀等紧急情况出现时，相关信息能以电缆为媒介立刻传输至码头，码头方可及时采取相应关断措施，避免 LNG 大量泄漏。电缆及光纤信息传递大幅提高了信息交流和安全反应的及时性，同时在对讲机无信号时也能确保船岸联系。

五是实现了安全监管的全员化，建立了安全随手拍制度。安全随手拍制度是受调研企业在各分公司中大力推广的做法。该制度以专门的手机软件作为技术支撑，厂区内的所有员工在发现有违反安全生产制度的行为、存在安全隐患的现象以及可能导致安全事故的设备损坏等情况时，都可以随手拍下相应情况，附以文字说明上传至专门系统内。系统后台工作人员确认所反映的情况属实后，会给予情况反映者特定奖励，奖励金由集团公司划拨专项资金予以保障。

对于收集所得的隐患情况，一方面，根据隐患种类反馈给对应班组及时整改，同时组建"随手拍工作群"，由专人负责逐条跟踪落实，每月将整改情况进行一次汇总；另一方面，将部分发现的典型案例作为未遂事故处置培训的重要素材，由专业工程师开展分析会，再由安全工程师编制报告。全体人员对报告进行学习之后，再以班组为单位，将学习整改情况提交安全工程师，最后由安全工程师编制整改报告，形成闭环管理。

以物质奖励作为支持的安全随手拍制度，使员工的"自寻"精神得以充分发挥，及时消灭隐藏在细节中的安全隐患的同时，在公司上下营造出良好的安全文化氛围。同时，闭环式的"培训—整改"模式敦促员工将强制性安全管理规定转化为自觉的安全行为，并能关心工友同事的行为是否符合安全规范，真正把"要我安全"转变成"我要安全"。

第五节　LNG 港口转运安全风险管控的规范图景

一　LNG 港口转运安全风险管控的价值取向

（一）企业对经济价值的追求

企业是以营利为目的的经济组织。这一定义将企业所追求的价值目标与其他事业单位、行政组织以及社会团体所追求的目标显著区分开。追求经济价值，即盈利最大化，是企业的基本价值追求，这一点在民营企业中体现得尤为明显。民营企业不同于国有企业,其稳定性与抗风险能力较弱,经营者冒着极大风险投资并辛苦经营,其对经济价值的追求必然更甚。在当今市场经济蓬勃发展的大背景下,企业对经济价值追求往往体现在两个方面:一是对效率价值的追求;二是对安全价值的追求。正是效率与安全两种价值的良性互动,形成了企业追求经济价值的合力。具体来看:

效率价值是显性要素。 效率是指在经济运行过程中对稀缺资源的有效配置,即生产中耗费的经济资源与生产的能够满足人们需求的产品和劳务的对比关系。企业对经济价值的追求直接体现为对效率的追求,效率的提升对企业收入带来的影响最为直观,因此可视效率因素为影响经济价值的显性要素。在市场经济蓬勃发展的时期,企业对效率价值的追求愈演愈烈,压缩成本,寻求利益最大化成为趋势。LNG 产业作为危险系数较高的产业,其安全监管的成本在总成本中占比高。以受调研企业为例,其 LNG 港口从投产至今,对安全风险管理的投入已高达数千万元。不难看出,安全风险管控在天然气企业运营中的特殊地位,如此高昂的资本投入也足以证明安全风险管控成本控制已经成为影响企业效率的重要因素;而政府对 LNG 企业设定的安全风险监管标准,成为企业控制成本的下限,也决定了企业效率的上限。因此,企业应对政府安全风险监管的成本投入,直接影响了企业效率的高低。对 LNG 企业来说,想要追求更大的利益,就必然要压缩安全风险管控的成本,但需要政府制定合理的安全标准,才能提高企业盈利的上限。因此,就 LNG 企业而言,在合理有效的安全风险管控下尽量降低成本成为企业追求效率价值的具体体现。

安全价值是隐性要素。 从短期来看,对安全价值的追求不能带来直接的经济效益,但却是经济价值的隐性保障。企业安全管理的领头羊杜邦公司认为,当安全成为战略商业价值的一部分时,就成为企业优秀经营业绩的催化剂。安全生产事故的发生会给企业带来直接和间接的经济损失以及深远的社会影响。反之,安全也是生产力,安全也能为企业创造效益:一是避免了事故的发生;二是通过提高员工的素质,提升了设备运行效率,当生产经营管理协调一致时,可实现生产效益的稳定和提高,提升企业经济效益。因此安全可视为企业经济价值的隐性要素。实地调研发现,受调研企业为保障安全生产运营投入了大量的人力物力。据统计,受调研企业在建成该项目时投资 334 万元建设专职消防队办公楼,投资 237 万元采购

3台消防车辆，每年投入240万元外包消防队伍服务；投资245万元，分两批购置了正压式呼吸器、避火服、低温防冻服、防化服等；投资75万元购置了吸油机、围油栏、吸油毡、分散剂等溢油应急物资；与当地医院、第三方应急中心基地等单位签订应急救援协议；同有资质的生活污水、生活垃圾处理单位签订协议。企业内部如此全面细致的安全风险管控机制，足以说明受调研企业对安全价值的重视程度与不懈追求。

（二）政府对各方诉求的平衡

政府既是"管理者"又是"服务者"。究其根本，政府最重要的作用就是兼顾平衡各方利益，实现总体利益最优化的目标。具体体现为在保障公众利益的基础上，兼顾国家经济的快速发展，在合理合法的前提下寻求二者的动态平衡。这意味着政府在安全监管方面，既要满足公众合理的安全需求，又要尽力为LNG企业营造保障其追求经济价值的良好营商环境。

一方面，公共利益的行政保护具有深刻的道德、理性和价值基础，是普遍权利的逻辑结果和必然产物，它是由政府的性质、目的和治理目标决定的。从世界范围看，大多数国家的法律都认可公共利益保护的优先地位。在企业作为强势一方，公众作为弱势一方的权力结构中，如果没有外界的干预，一些企业作为利益集团总是试图把其成员的利益置于公共利益之上，结果强势群体吞噬了大部分的利益，而弱势群体的利益往往落空。因此，政府的管制与约束十分必要。

具体到LNG产业来看，其可能威胁到的公共利益主要包括生态环境利益和公众安全利益。政府保障公共利益主要体现在对LNG港口转运较高的安全标准以及细致的监管上。实地调研中发现，浙江省政府对LNG港口的建设、投产、运营等整个过程有着严格的审批程序与条件限制（如图6-5）；对作业人员的资质也设置了较高的标准，包括特种作业设备证、特种作业证、特殊产业准入证三大类共24种（如图6-6），相关工作人员必须持证上岗。加强隐患排查的力度，强化事故应急救援能力，多个职能部门定期对LNG港口运营情况进行安全检查，对不符合标准之处提出意见并要求限期整改。明确政府监管责任和企业主体责任，如果出现重大安全事故，追究相关责任人的法律责任。上述严格的安全监管足以说明，政府将公众利益放在首要位置，尽可能满足公众的安全需求。

另一方面，优质营商环境的营造也是政府应该承担的责任。国际社会

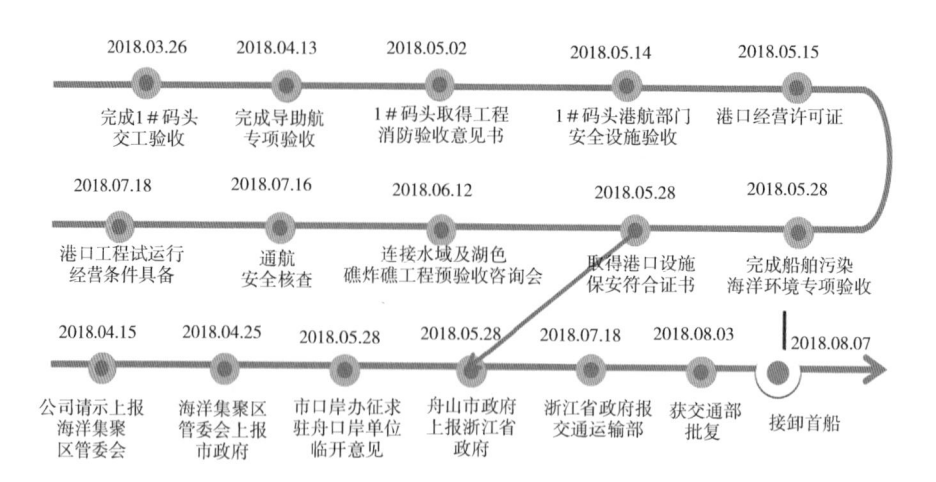

图 6-5　受调研企业 LNG 码头生产前准备流程

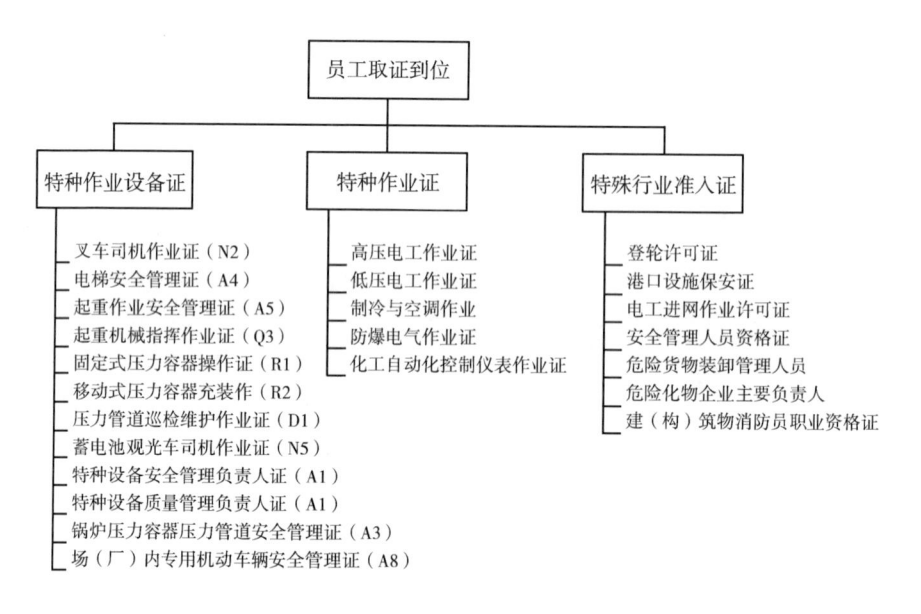

图 6-6　作业人员许可证种类统计

竞争日益激烈，如何促进经济可持续发展成为政府工作的重中之重，如何为企业营造良好的营商环境也逐渐提上日程。世界银行通过对 155 个国家和地区的调查研究，对构成各国的企业营商环境的十组指标进行了逐项评级，得出综合排名。营商环境指数排名越高或越靠前，表明在该国从事企业经营活动条件越宽松。相反，指数排名越低或越靠后，则表明在该国从事企业经营活动越困难。2019年10月,世界银行发布《全球营商环境报告2020》,报告显示中国营商环境排名跃升为全球第31位,比去年提升15位,但与发达国家相比仍然有较大差距。2018年以来,国务院成立了推进政府职能转变和"放管服"改革协调小组,并下设优化营商环境专题组,先后出台了《关于部分地方优化营商环境典型做法的通报》《关于聚焦企业关切进一步推动优化营商环境政策落实的通知》等一系列文件,对优化营商环境做出了具体部署。这些部署重点表现在四个方面:一是持续放宽市场准入,投资贸易更加宽松便利,部分垄断产业通过混改积极引入民间投资。二是加大监管执法力度,市场竞争更加公平有序。在强化产权保护方面,甄别纠正了一批涉及产权的冤错案件。三是深化"互联网+政务服务",办事创业更加便捷高效。四是建立健全评价机制,营商环境评价更加激励有效。《2019年国务院政府工作报告》提出,激发市场主体活力,着力优化营商环境。不难看出,政府越来越重视企业的发展,为企业营造良好的营商环境成为不懈的追求。

从宏观的角度来看,政府营造良好的营商环境主要从以下两个方面入手:

一是简政放权。世界银行《营商环境报告》中提出"聪明监管"（Smart Regulations）要求在提供清晰透明的监管规则的前提下,政府不应该对企业的经营发展设置不必要的阻碍。高效释放企业活力是LNG行业良好营商环境的重要评价指标,政府相应的安全风险监管标准起到了决定性作用。如果政策的天平更多地偏向公众利益,那么对LNG企业的安全风险监管标准就会相应提高,企业的安全风险管控成本就会上升,这在一定程度上会限制企业的发展与活力;反之,政府对企业的安全风险监管标准低一些,那么企业的发展就会少一些桎梏,可充分释放其自身活力。因此,安全风险监管在保障公众利益的同时最大限度地为企业提供良好的营商环境是政府的价值追求;而放管结合的管理模式可以在最大程度上为企业松绑,使其发展具有灵活性与自主性。

二是扶持优待。对于某些新兴或者特殊产业,政府往往通过宏观调控(经济、行政、法律手段)为企业的发展提供优惠性政策支持。笔者对相关政策研究总结发现,地方政府分别从降本减负、优化金融服务、优化营商环境、优化创新资源配置、优化开放环境等方面为LNG产业提供政策性支持。由此不难看出,各种扶持性政策数量繁多,为LNG企业的发展提供了必要支持。

二 我国 LNG 港口转运安全风险管控的失配

LNG 港口转运安全风险的管控应以确保运营安全为基本前提，同时注重市场经济环境下企业活力的释放。基于党的十八届三中全会以来倡导"让市场在资源配置中发挥决定性作用"，推进全面深化改革，以优化营商环境、激发企业活力为切入点审视 LNG 港口转运安全风险管控规范，现行安全风险管控规范与 LNG 港口转运安全风险管控的价值取向有所失配。主要表现为：企业安全责任配置畸重；安全风险管控效能过低；政府监管过程的失真和异化。

（一）企业安全责任配置畸重——释放企业活力的羁绊

《消防法》第 2 条规定，消防工作由政府统一领导、部门依法监管、单位全面负责、公民积极参与。政府部门是社会单位落实消防主体责任的基础和保障。首先，消防工作是一项地方性很强的政府行为，诸多具体工作需要政府部门负责、引导、执行。其次，政府部门是社会单位消防工作的监管部门，其有宣传、监督、指导、协助各单位开展消防工作的责任。通过对比政府和 LNG 企业在消防工作中承担的安全责任（见表 6-3），作者发现 LNG 企业安全责任配置畸重。

表 6-3　　　　　政府、企业安全责任配置对比

项目	政府	LNG 企业
进行消防宣传教育	《消防法》第 6 条	《消防法》第 6 条
配置公共消防设施、消防装备	《消防法》第 8 条	
进行消防安全检查	《消防法》第 15、31、32、52、53、56 条，《消防安全责任制实施办法》第 13 条	
制定消防安全制度、消防安全操作规程、灭火和应急疏散预案		《消防法》第 16 条第 1 款，《消防安全责任制实施办法》第 15 条
配置消防设施、器材、安全标志		《消防法》第 16 条第 2 款，《消防安全责任制实施办法》第 15、16 条

续表

项目	政府	LNG 企业
建立消防档案		《消防法》第 17 条第 2 款第 2 项，《消防安全责任制实施办法》第 15、16 条
每日防火巡查，建立巡查记录		《消防法》第 16 条第 5 款、第 17 条第 2 款第 3 项，《消防安全责任制实施办法》第 15、16 条
进行消防演练和安全培训		《消防法》第 16 条第 6 款、第 17 条第 2 款第 4 项，《消防安全责任制实施办法》第 15、16 条
操作人员持证上岗		《消防法》第 21 条第 2 款
对消防产品进行质量监督检查	《消防法》第 25 条	
鼓励投保火灾公众责任保险		《消防法》第 33 条
建立消防救援队、微型消防站	《消防法》第 36 条	《消防法》第 39 条，《消防安全责任制实施办法》第 15、16 条，《企事业单位专职消防队组织条例》，《公安部、国家发展和改革委员会、工业和信息化部等关于规范和加强企业专职消防队伍建设的指导意见》

调研过程中，受调研企业展示了其自主组建的专职消防队，同时也提到消防设施的配备和消防队的日常运转费用由企业自行承担，给企业增加了很大的经济成本和管理成本。根据《企事业单位专职消防队组织条例》第 26 条规定，消防队的组建和日常运营以及消防设施的购买都由企业承担。虽然《关于规范和加强企业专职消防队伍建设的指导意见》规定，专职消防队伍建设经费纳入安全生产费用依法足额保障，企业实际发生的安全生产费用支出，可依法在计算应纳税所得额时扣除；企业专职消防队员参加职业培训和鉴定，可按照有关规定向当地人力资源社会保障部门申领补贴；同时还规定了消防车辆购置优惠政策和灭火救援补偿。但是企业购置消防设施还是会给企业增加不小的经济成本，另外，企业自身组建消防队或微型消防站还会带来管理成本的增加。消防队或微型消防站的组建本应是公共领域的安全事项，应属于政府的义务。根据《消防法》第 39 条、《关于规范和加强企业专职消防队伍建设的指导意见》的规定，LNG 接收站应当建立企业专职消防队。这给企业施加了不小的安全管理负担。

目前相关规定表明，符合条件的单位应该建立自己的企业专职消防队，但为降低管理成本，同时提高同一区域不同企业之间的消防联勤联动机制，可考虑允许企业连同周边多家公司建立"互助消防队""区域消防队"，统一配备消防安全基础设施和消防人员，建立一支统一管理的消防队。

（二）安全风险管控效能过低——包容审慎监管理念的偏离

保证安全经营是对危险源进行管控的基本要求，但 LNG 港口转运企业毕竟为商业主体，其追求经济利益的最大化。过于严苛的安全风险监管规范对于已经满格的安全风险防范无法起到进一步降低的作用，只会无谓增加企业的成本。政府推进优化营商环境的过程中，制定 LNG 港口转运安全风险管控相关规范时，需要考虑经济效率，但目前的管控制度所带来的安全价值提升与其成本消耗不成比例，这一现实问题亟待改进。

安全风险管控制度所带来的安全价值提升与其成本消耗不成正比，这种情况在《液化天然气码头设计规范》（JTS165-5—2009）条文说明的第 5 条第 3 款第 3 项中便有所体现。在说明对液化天然气泊位与液化石油气泊位以外的其他货类泊位的船舶净距作修改产生时，其列出两项依据：一是自第一艘液化天然气船舶投入商业运营以来，国内外液化天然气码头还没有发生过爆炸、燃烧等严重事故，安全性极高。二是据液化天然气码头建设部门反映，原条文的规定过严，致使一些液化天然气码头选址困难。目前我国适宜于建港的岸线很少，为了充分利用岸线，满足可持续发展的要求，液化天然气泊位与液化石油气泊位以外的其他货类泊位的安全距离做了减少。

另外，通过对比笔者发现，2016 年版本的《液化天然气码头设计规范》相比起 2009 年的版本在一些地方进行了适当宽松化处理，如船舶的着火罐和邻罐起火均需要喷水冷却，冷却水供给强度的限额从 6 升/分·平方米减少为 4 升/分·平方米。《液化天然气码头设计规范》（JTS165-5—2016）条文说明的第 4 条第 0 款第 4 项中同样也有标准的宽松化修改，针对小型液化天然气船舶开展了船舶允许运动量研究，发现当横摇角达到 3 度时由于船型小、动量小，小型液化天然气船舶可以正常作业，不会对码头等构筑物产生不利影响。且国外如日本、挪威等国的规范，已将船舶装卸作业的横摇角放宽至 3 度甚至 4 度。在这样的情况下，该标准给出了液化天然气船舶的允许运动量。

考虑到液化天然气技术的不断提高，国内 LNG 港口转运经验的不断积累，政府对 LNG 港口转运过度的安全风险监管只会无端给企业带来没有必要的负担，因此，有必要不断对相关标准和规范进行及时修订。虽然 LNG 作为易燃易爆的危险化学品，在码头转运作业中对其严格监管有天然的正当合理性，但恰当监管模式才能推动企业的生产经营行为趋向规范化，在保障公共安全的同时优化市场秩序，促使 LNG 产业可持续地稳健发展。如果监管尺度把握过严或监管手段与监管目标不匹配，非但对安全风险管控目标的实现起不到积极作用，而且会给企业造成过重负担，反而不利于 LNG 产业的健康发展。结合实地调研了解的情况，监管尺度过严的具体情况表现为以下几例：

其一是转运船作业时间受限。LNG 港口转运规范对于作业时间的限制给企业增加了很大的经济成本。根据《液化天然气码头设计规范》（JTS165-5—2016）第 4 条第 2 款第 4 项的规定，液化天然气船舶不宜在夜间进行进出港和靠离泊作业，当需要夜间靠离泊或航行时，应编制相应的应急预案并经过安全论证。在这一规定下，考虑到应急预案制定的成本，企业无论是选择经过安全论证后在夜间作业，还是选择将作业时间限制于白天都会不利于效益的提升。另外，在《液化天然气码头设计规范》（JTS165-5—2009）第 4 条第 1 款第 1 项中，曾规定了码头连续作业天数不能超过 5 天。但在修订 2016 年版本的时候，该规定已被删除。

其二是强制性拖轮伴随。LNG 港口转运规范对于 LNG 船舶的作业提出了拖船相伴的要求。按照《海港总体设计规范》（JTS165—2013）船型为 26.6 万立方米的 LNG 船舶，靠离泊作业所需拖船总拖力约为 150 吨，即需配备 3—4 艘拖船；风力和水流较强时，拖船功率或数量应适当增加。无论是 2009 年的版本还是 2016 年的版本，《液化天然气码头设计规范》均规定了 LNG 船舶在靠泊和离泊时，配置拖船协助作业的要求，并规定了进行交通管制和配备护航船舶；此外，还规定了液化天然气船舶进行装卸作业时，应有一艘警戒船在附近水面值守，并至少有一艘消防船或消拖两用船在旁监护。对比分析发现，2016 年的版本对于离靠岸配备拖船的规定更为具体，而对于装卸作业时警备船和消防船的配备则将范围限缩到大、中型液化天然气船舶的装卸作业。根据调研所掌握的情况，船只发动待机开启时的租金远远高于熄火停泊时的租金，如此的规定对企业而言增加了一笔不必要的大额开支。考虑到拖轮随船相伴一直处于动力状态的经济成本消耗大，可考虑将随船相伴的规定修改为拖轮必须在一定时间内赶到船边。若发生事故，拖轮可以及时赶到即可；无事故发生的情况下，拖轮可以就近停靠，为企业节约成本。

其三是无区分要求常备防溢油物资。LNG 港口并非接受油类物质的专门码头，LNG 在常温下迅速气化的物理特性也决定了其不会像油类物质一样对海洋环境造成巨大的污染。但为了防止 LNG 载运船舶自身燃料油泄漏，应监管部门的要求，受调研企业仍要常备大量吸油机、围油栏、吸油毡、分散剂等防溢油物资。由于防溢油物资有保质期限制，故虽然自港口投产使用以来从未发生过一起 LNG 载运船燃料油泄露事件，但公司仍然需要定期更换防溢油物资，每年花费数百万计，对企业造成不小的负担。事实上，即便 LNG 载运船舶燃料油泄露，由于其危害程度和扩散速度远低于油类载运船泄露，只要在一定时间内联系专业机构清理，也不会对海洋环境造成不可修复的损失，常备溢油物资实属不必要。政府对 LNG 港口转运进行安全风险监管时，要关注到其港口的性质，更应把重点放在 LNG 的特性方面开展安全风险监管工作。对于普通港口安全规范中与 LNG 港口不适配的监管措施应该勇于舍弃，及时止损。

其四是 LNG 槽车通行交通限制。受调研企业采购的 LNG 除了以管道的形式外运之外，其中很大一部分需要以槽罐车作为运载媒介进行道路运输。依照《危险化学品安全管理条例》的规定，LNG 运输车辆限制通行区域由县级公安机关划定，未经批准，运输危险化学品的车辆不得进入限制通行区域。而受调研企业 LNG 槽罐车外运的重要渠道舟山跨海大桥（国家高速公路甬舟高速〈G921〉段）长期以来被划定为禁止 LNG 车辆通行的区域。为了分销 LNG，受调研企业只得将 LNG 分装入槽船内进行水上运输，而无论是从成本上看抑或是从便捷程度上看，水上运输都远不如道路运输，这对企业造成诸多不便。LNG 槽车在大桥上发生泄露将会对桥体造成难以估量的损坏，但 LNG 槽车泄露的可能性很小，若因此而粗暴地禁止通行，将会给 LNG 企业增加巨大的外输压力。防治 LNG 槽车泄露，应当从车辆检验、人员考核、车速限制、划定专用通道等方面入手进行有效预防，一刀切地全部禁止通过桥梁难免有因噎废食之嫌。另外，笔者注意到 2019 年 7 月 29 日舟山市人民政府和宁波市人民政府联合发布《关于舟山跨海大桥临时应急通行 LNG 槽车的通告》，决定在确保大桥安全、环保的前提下，对符合法律法规规定的，经有关主管部门批准通行的 LNG 槽车允许在 2019 年 7 月 31 日至 2020 年 3 月 31 日期间内在舟山跨海大桥临时应急通行。这一做法也说明禁止 LNG 槽车在跨海大桥上行驶的规定有可回旋的余地，政府也正在为促进 LNG 行业的发展做出权衡和改进。

（三）管控措施叠床架屋——简政放权改革方向的违背

西方学者普雷斯曼（Pressman）和维达尔夫斯基（Wildavsky）早在 20 世纪 70 年代就通过研究发现，政策在逐级下行的过程中会遭遇 50% 的损耗。LNG 安全监管中，虽然存在法律和行政法规级别的规范，但是由于政府内部条块划分、信息沟通不畅导致政府落实监管措施过程中出现信息传播的失真和管控措施的异化。政府监管主体重复、应急预案内容交叉的问题突出，不利于良好营商环境的营造。冗赘的监管机制也给企业带去了应对政府监管的压力，这在无形中增加了企业的经营成本。

1. 政府部门重复检查

对 LNG 接收站进行安全监管的机构主要是应急管理部，但根据《消防法》第 15、31、32、52、53、56 条，《消防安全责任制实施办法》第 13 条的规定，进行消防安全检查的政府部门有：各级人民政府、村民委员会、居民委员会、消防救援机构、公安机关、派出所、住房和城乡建设主管部门、交通运输部门、质量技术监督部门、安全生产监督管理部门。除各不同部门的重复检查监督，在实践中，不同层级的监管机构，如县应急管理部、市应急管理部、省应急管理部会，不同领域的安全监管部门，如海事管理机构、港口管理机构会相继进行安全检查，为应对这些安全检查，将会耗费企业的人力成本和财力成本，无形中增加了企业的安全风险管控负担，给企业带来了压力。

2. 应急预案重复制定

LNG 的安全风险防控中，很重要的一个环节便是制定应急预案，做好事前防备，以应对突发安全事故。根据《安全生产法》的相关规定，LNG 作为化学品生产企业，不仅需要制定综合应急预案，还需要制定各种不同专项应急预案向不同监管部门报备。受调研企业 LNG 接收站共制订了 165 项体系管理性文件、63 项维修规程、92 项操作规程和 33 项应急预案。但是各种应急预案的制定有诸多重复部分，甚至出现针对同一事项存在多种不同应急预案的情况，这种重复制定不仅浪费人力物力，更会导致安全风险管控混乱，使管控效率降低。若监管主体间信息沟通顺畅，则企业可向其中一个监管主体备案综合应急预案，通过内部信息共享，不同监管主体可从中提取与自己监管的相关部分内容。

(四)"压力传导型体制"下监管目标的异化

"压力传导型体制"实质是一种数量化的任务分解机制和自上而下的干部考核机制。在该体制下,任务确定、任务分解、任务考核的压力型行政手段在地方政府中盛行。从积极的角度看,该种体制对于维护社会稳定,促进 GDP 高速增长有其正面意义;但从消极的角度看,当涉及诱发群众性事件风险较高的领域时,地方政府原有的积极作为的动力就会转变为消极推诿的阻力,而安全监管目标也向"不求有功,但求无过"的"不出事"方向异化。

以 LNG 港口转运作业为代表的能源产业,与公共安全和环境保护等重要议题紧密相连。不出事则已,一出事就是上级政府和社会舆论高度关注的"大事"。而该类事件又常常是衡量地方主政官员社会管理水平、事关升迁任免的重要指标。然而,安全监管没有尽头,再严密的控制也有发生安全事故的可能性,为了在事故发生后尽可能地摆脱责任,避免被扣上"不尽责"的帽子,政府在监管尺度和标准上层层加码,宁严勿松。严苛的监管标准表面上看能杜绝相应危险事故的发生,如禁止 LNG 槽罐车过桥通行,其就无在桥上发生泄漏的可能。但长期来看,这样的手段或途径会增加被监管企业额外的负担,导致被监管对象营业能力的萎缩,不利于整个产业的发展。另外,从长远角度上看也不利于当地良好营商环境的营造,最终可能引发更多深层次的危害。

第六节 LNG 港口转运风险管控的效能跃升

效能是指在追求一定目标的过程中运用能力的程度和产生效益的综合体现。作为药理学名词的效能,是指效应随剂量增加而增强,当达到最大程度后剂量再增加,效应也不增强,即最大效应;如再增加剂量甚至会导致质变,产生毒性。与之类似,LNG 港口转运安全风险管控中的效能提升应避免为片面追求安全价值。在安全效益已到达最大值时,仍盲目加强安全风险监管措施,会导致成本增加,整体效益反而降低,故而,在 LNG 港口转运中应注重政府监管行政效能的提升。行政效能,是指行政机关以一定的行政目标为指导,在依法行政过程中运用行政能力的程度及其产生行政效益的综合体现。通过提升 LNG 港口转运中的安全风险监管效能,建成高效益、高能力与正确目标导向统一的效能政府，我国政府关于提升安全风险监管的效能已出台诸多规范性文件。

行政效能强调三个要素，即目标、能力与效益。[①] 第一，目标是行政效能的前提，行政效能通过目标的指向反映出来。科学合理的目标能够反映事物本质揭示事物发展的规律，只有政府行政的目标正确，才能最终有成效的实现目标。第二，"能"，即能力，是行政效能的基础。政府只有具备这些能力才能选择较好的手段实现行政目标，才能做到依法行政、做出有效益的行政行为。第三，"效"，即效益，是行政效能的集中反映，是政府在实现服务管理目标中所达到的服务管理效率、效果的综合反映。在一定消耗的基础上取得最大的成效、效果一直是行政效能管理的追求。效益是效率与效果的统一，是过程与结果的统一，是速度与质量的统一。"能"与"效"关系密切，两者相辅相成。"能"是"效"的助推器，能力提高是效益提升的重要保障；"效"是"能"的显示屏，效益提升能展示出能力的提高，并可以反过来促进能力的提高。

一 效能跃升的前提：正确的目标导向

效能跃升的前提是正确的目标导向，LNG 港口转运安全风险管控的目标是实现安全和效率两大价值、优化营商环境。通过研究发现，目前 LNG 港口转运安全风险监管部门片面追求安全价值的实现，而忽视了安全风险监管措施给营商环境带来的负外部性影响，这使得整体行政监管效能并不理想。笔者建议政府进行 LNG 港口转运的安全风险监管时，还应注重当地营商环境的优化。2019 年 10 月 8 日，国务院总理李克强主持召开国务院常务会议，审议通过《优化营商环境条例（草案）》，其中便包括规范和创新监管执法。除直接涉及公共安全和群众生命健康等特殊产业、重点领域外，都要实行"双随机、一公开"监管；推行"互联网+监管"；对新兴产业实行包容审慎监管。LNG 港口转运属于涉及公共安全和群众生命健康的特殊产业、重点领域，不能放弃对其安全风险管控的要求。同时 LNG 港口转运也属于新兴产业，对其应进行包容审慎监管，力图打造良好的营商环境以促进 LNG 产业的发展。

精耕细耘营商环境沃土，努力打造最优政务服务，需要加大服务型政

---

① 沈岿：《论行政法上的效能原则》，《清华法学》2019 年第 4 期。

府的建设力度,让政府的角色从单纯的监管者转变为公共服务的提供者和良好营商环境的营造者。创新政府管理方式,寓管理于服务之中,更好地为企业和社会公众服务是服务型政府的重要目标。构建服务型政府的第一要义在于重新理顺政府与企业、与社会公众的关系。在服务型政府的模式下,监管部门对于企业而言不再是高高在上的"统治者",而是增进企业福祉和公众福祉的"服务者"。这就要求监管部门摒弃长期以来存在的"权利本位"或"官本位"思想,向"社会本位"转变。

虽然社会主体有私利的考虑,但从根本上看,企业经营者只有在保证生产安全、获得消费者信赖的前提下才能实现营利。由于 LNG 转运业务的特殊性,每一次安全事故对企业而言都有可能是灭顶之灾。以上推论在 LNG 转运企业身上体现得尤为明显,其具有自觉遵守安全规范、加强内部安全管理的天然动因。监管部门要把握住企业内在的守法动力,遇事多从企业的角度换位思考,在某些领域给予其充分信任,尽量选取对企业生产负面影响更小的手段实现监管目的,不要随意在监管尺度上对企业加码。另外,从宏观层面看,"服务型政府"要求政府的管理目标应朝着营造优质的市场环境、降低制度性交易成本、充分调动市场主体积极性的方向转变,为企业在公共服务设施上提供保障,在制度性交易成本上减轻负担,以服务型政府的建设推动社会管理水平的提高,进而营造"近者悦,远者来"的良好营商环境。

二 效能跃升的基础:优质的管控模式

效能跃升的基础是优质的管控模式,这要求政府从"压力性监管"转向"合作型管控"模式。"压力型监管"体现了一种单向式的自上而下的压力模式与自下而上的责任结构。要真正拆解监管部门"不出事逻辑"的动因,避免政府以官僚主义下达安全风险管控指标,企业以形式主义完成风险管控任务,需要将企业的合理意图与诉求引入政府的决策机制中来,形成政府和企业的有效合作,双向良性互动,这就需要将"压力型监管"转化为"合作型管控"。

"合作型管控"要求政府和企业在相对平等的地位上进行双向的良性的信息沟通,共同实现 LNG 安全风险管控目标。目前"压力性监管"下,某些监管手段造成企业不合理的负担,部分原因是政企沟通不畅,企业诉求不能及时反映所致。习近平总书记在政协第十二次会议上提出了"亲"

"清"新型政商关系的治国理政方针,提出要强化政企互动,尤其需要在"亲"的方面下功夫。一方面,地方政府要坦荡真诚同民营企业接触交往,特别是在民营企业遇到困难和问题情况下更要积极作为、靠前服务;对非公有制经济人士多关注引导,帮助解决实际困难,真心实意支持民营经济发展。另一方面,企业也要积极主动地同地方政府和相关监管部门多沟通多交流,讲真话、谏诤言,热情地支持地方发展。对有深度合作可能性且能为当地带来税收利好和就业岗位的企业,地方政府更应该对其加大扶持力度,倾听企业诉求,了解企业经营实际状况,在日常执法中将市场经验与监管理性充分融合。同时,企业也可以积极利用人大、政协及高校智库等平台,将己方诉求最大限度地向监管部门传递。

三 效能跃升的可行建议

(一)提高公共服务供给之能促企业生产之效

政府作为公共服务供给的主导者,在科层制的组织结构下,使得其在公共服务提供过程中具有明显的刚性,难以有效回应LNG产业多元的需求,容易引发政府供给失灵或公共服务供给不足等问题。公共服务供给失衡导致的结果是激化市场主体自身营利性与公共服务供给公共性之间的矛盾。从前文的分析中可以看出,无论是在制度设计还是在规范执行的过程中,本该由政府提供的大量公共服务被转嫁到LNG转运企业之上,公共服务供给能力的不足增加了以营利为目的的LNG转运企业的负担,在一定程度上阻碍了企业生产效率的提升。

从LNG转运产业的实践中看,政府公共服务未能达到有效供给,将部分本应由自身承担的公共服务职能向企业转移已经在一定程度上阻碍了LNG企业的发展。例如,LNG转运企业为符合《消防法》《消防安全责任制实施办法》等规范中关于消防能力的要求,须自行组建消防队并承担消防队的日常运转费用,同时购置大量消防设施配备。消防服务本应为由政府提供的公共服务,企业可以在消防标识设置、日常器材购置、消防档案建立、消防演练和消防培训的开展等方面展开配合,但完全将消防队伍的运转交由企业的做法,显然是政府供给能力不足而将部分责任向企业转嫁的不当举措。

制度架构中对各方公共服务承担份额的安排,不能限于对某些人或某些集团的利益大小,而应考量社会的整体利益和行政管理是否推动社会全面进步。例如，政府主动为 LNG 转运企业配套消防人员和消防设施或通过社会购买等方式减轻企业消防责任负担的做法，表面上增加了政府的支出和加重了相关工作人员的负担，但高质量的公共服务减少了企业的成本，加快了企业的生产效率，综合考虑税收回报、就业解决以及由此带动的投资示范效应来看，整体社会效益远高于政府投入。总之，提高公共服务能力，加大公共服务力度，为企业在消防、治安、基建等方面解决后顾之忧，不仅是政府履行职能要求，也是吸引企业投资、营造良好营商环境的需要，更是降低企业生产成本，助益地方经济发展，实现政府和企业双赢的过程。

对于 LNG 转运产业，当地政府的公共服务能力的高低对企业生产效率的影响尤其明显。具体而言，政府首先应着重为 LNG 企业创造平等竞争环境，防止权力寻租，保护企业的合法权益。同时为 LNG 转运企业营造良好、可持续的生产环境，提高公共服务输出的数量和质量，从供水供电到消防治安再到基础建设等各方面为企业提供全方位的服务，分配财力协助 LNG 转运企业解决安全、消防等设备的配置问题，解决企业的后顾之忧，营造"近者悦，远者来"的投资环境。

（二）提高多元主体共治之能补制度运行之效

通过研究发现，LNG 港口转运安全风险管控制度在运行过程中效率不足、监管尺度过严、监管手段不当等问题的原因之一在于 LNG 转运企业在政府安全风险监管的过程中参与不足。例如，技术规范对 LNG 港口夜间装卸作出严格限制，理由在于在该技术规范制定之时，LNG 港口转运业务对国内而言尚属新生事物，故标准制定者在安全风险监管的尺度上持保守的态度。但是，经过若干年的发展与实践，LNG 码头在数量上有所增加，装卸技术也日趋成熟，仍以保守态度待之已明显不合适，一些限制过严的技术标准也应随之改变。由于作为规范制定者的政府部门通常并非 LNG 港口转运领域的专家，难以及时把握产业发展动向，无法及时发现制度运行过程中与预期监管目标的偏离，故政府的安全风险监管亦需要作为被监管对象的 LNG 企业参与。为了凝聚企业力量，放大产业诉求，LNG 港口转运领域内的相关企业可以组建产业协会，发挥企业与政府间的桥梁作用，以集体的名义及时反映政府安全管控中存在的问题。同时，产业协会还需要积极参与安全管控规范、国家标准和技术标准的制定和更新，加快市场有益经验在规范层面的固定，推动 LNG 港口转运安全风险管控制度的高效运行。产业协会参与规范制定进而促进安全风险管控制度高效运行，首先要创设以最小社会成本实现安全价值的管控制度，保证安全风险监管制度的合目的性；其次要积极提供产业实际情况，实现安全风险管控制度的前瞻性；最后要结合企业营利性的特点和企业内部安全管控的实际情况，探索多样化的安全风险管控制度。

1. 保证安全风险管控制度的合目的性

安全风险管控制度高效运行的前提是制度本身的合目的性，即安全风险管控中所采取的各项措施和手段均是为了有效实现既定的安全风险管控目标。监管部门倾听了解产业协会所反映的安全风险管控制度运行的实际情况，有助于把握合理的管控尺度和范围，避免矫枉过正，及时纠正偏离既定目标的不当管控制度。把握安全风险管控制度的合目的性能够使安全风险管控实际效益高于所付出的成本，减少无效管控行为和加重企业负担的现象。同时，企业的参与能促使政府充分尊重市场对资源的配置，在实现安全风险管控目标的诸多手段之间，选择最优的市场化解决手段。最后，产业协会与安全风险管控制度的制定部门和执行部门的及时沟通，有助于实现类型化管控和精准化管控，提高管控制度的针对性，以对企业造成最小负担的方式实现安全风险管控的目标。例如，依据不同地区、不同企业的实际情况在安全风险管控政策上予以变通，对企业内部安全风险管控措施较为完善、没有发生过重大安全事故的LNG港口转运企业适当放松等。LNG转运企业和产业协会参与政府安全风险管控制度的创设与执行，能够保证管控制度始终在既定目标的轨道内运行，确保安全风险管控手段在社会成本最小的情况下实现既定目标。

2. 实现安全管控制度的前瞻性

LNG港口转运业务作为一项具有高技术含量的专业业务，其安全风险管控不可避免地具有复杂性，同时，层出不穷的新技术又对管控的专业性和灵活性提出了更高的要求。在安全风险管控制度的制定者和操作者欠缺相关产业经验和专业知识的情况下，急需产业协会和LNG转运企业对制度的专业性进行补强。制定具有前瞻性的安全风险管控制度，离不开对LNG港口转运业务发展动向的预判。只有在掌握产业发展趋势的前提下，政府才能合理把握监管界限，避免对市场造成过度干预。LNG转运企业感知产业发展趋势的敏感度和准确度往往要强于制度的制定部门，故而由产业协会向安全风险监管部门及时反映产业的发展趋势，有利于制度制定时为新技术的发展预留一定空间,确保政府在进行安全风险监管的同时不对正常的技术发展制造制度障碍。

3. 探索安全风险管控手段的多样化

实践中,安全风险管控模式有柔性管控和激励型管控。柔性管控是充分尊重市场主体的权利,充分尊重政府与市场的界限,尽可能避免对市场进行直接干预的一种管控模式。相较于传统的强制性监管,柔性管控的实现手段更加具有灵活性和多样性,实践中较为常见的是行政指导和行政协议。如果运用得当,柔性管控能够充分发挥出促进、调整、预防、引导与抑制的作用,不但可以弥补制度的某些空白,也能充分调动 LNG 转运企业的参与积极性。激励型管控又称经济诱因型管控,是指行政主体使用经济诱因方式和手段间接引导市场主体做出或不做出一定的行为,以实现其既定政策目标的行政活动方式。激励型管控手段更能够回应 LNG 转运企业的有效需求,缓和安全风险管控机关与被管控对象之间的矛盾冲突,例如,政府可以对达到安全目标的企业通过增值税优惠政策、免税、分期缴纳税款、保税展示交易平台等多方面的税收激励政策促进企业内部安全风险管控的推进,从而实现政府的既定目标。

多变的现实情况呼唤多样的安全风险管控手段,多样的安全风险管控手段有助于安全风险管控制度的高效运行。对一些内部安全风险管控措施较为完善、安全风险防范能力较强的企业而言,采用柔性的监管模式和激励型的监管手段往往能以更小的行政成本和企业负担实现更优的管控结果。而上述多样化的安全风险管控制度如何落地,有赖于产业协会和监管部门的长期沟通磨合。

(三) 提高管控信息整合之能增沟通互动之效

困扰企业的同一部门多次检查、同一事件多级检查、同一项目重复备案问题,根源在于政府部门之间信息整合能力有所欠缺,沟通互动效率低下。为此,加强各部门之间数据通道的共享,构建跨部门、跨层级数据共享平台十分必要。打造数据共享平台是提升政府监管信息整合能力的必由之路,也是增强不同层级安全风险监管部门和同一层级不同安全风险监管部门沟通互动效率的技术保障。构建跨部门、跨层级数据共享平台的总体思路是坚持系统化、整体化原则,打破"部分分割、管理分散、信息阻隔"的局面,整合政府监管机构内部的"信息孤岛"。改变不同 LNG 港口转运安全风险监管部门数据来源单一化、碎片化、条块化的现状,从而避免执法检查过繁、预案重复制定等给企业增加负担的监管方式。

一旦LNG港口转运安全风险管控信息共建共享平台建立，一个政府部门对企业进行安全检查之后，可以将其获得的数据和结果上传至平台，其他部门再进行检查之前须先在信息平台搜取是否已有相关的安全风险管控信息，可以避免重复检查。同理，企业可以仅制定一份全面的应急预案，在其中写明如何应对消防、环保、港行等各类风险，由一个部门备案之后上传到信息平台，其他部门可通过平台各取所需，自行提取负责检查的部分。在国务院印发的《"互联网+政务服务"技术体系建设指南》中，描绘了国家—省—市联动互联网政务服务的构建蓝图（如图6-7），LNG港口转运安全风险监管信息的交流完全可以依托该平台进行。在该份指南中，国家政务服务平台依托国家电子政务外网建设，主要实现各地区各部门政务服务汇聚、跨地区跨部门数据交换、跨地区统一认证、共性基础服务支撑；省级平台依托国家电子政务外网，提供省级部门政务服务事项受

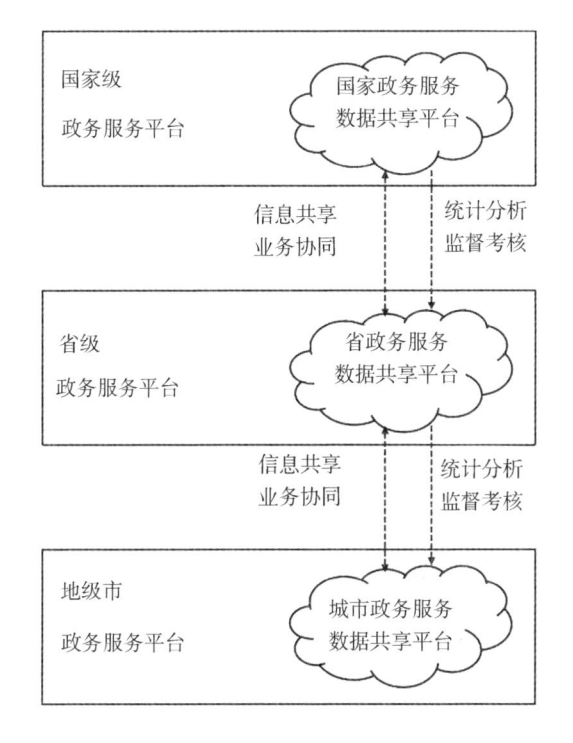

图6-7　互联网+政府服务技术体系

资料来源：《"互联网+政务服务"技术体系建设指南》。

理、办理和反馈；地市级平台充分利用各地区统一电子政务网络建设，提供地市级、县级、乡级政务服务事项受理、办理和反馈。在该联动互联网政务服务平台建设完成后，地方政府应积极推动将 LNG 港口转运安全风险管控信息顺势纳入该平台中，充分利用平台优势，提高部门间信息沟通交互效率，在节约行政成本的同时为企业减轻负担。

此外，LNG 港口转运安全风险管控数据更是一笔宝贵的安全信息财富，政府可以以该管控数据为基础，探索大数据分析等先进管控模式，实现安全风险管控的全过程覆盖，并针对突出问题进行有针对性的监管，对数据反映出的集中问题，在事前预防中给予重点关注。对安全风险管控数据的深度挖掘、实时分析、有机融合，能有效地弥补单一部门信息建设辐射面窄、信息资源总量不足等问题。以数据平台为基础的信息协同共享、交互使用，让不同企业之间的优势互补及联防联控联动成为可能。以 LNG 港口转运消防风险防范问题为例，在充分掌握相关信息后，政府选取最优位置建立消防队，使最大程度地服务更多企业成为可能。如此一来，"信息交互—检查次数降低—企业负担减轻—行政成本下降"形成良性循环，各政府部门、各被监管企业之间的协调会议、联席会议、业务交流会议得以高效进行。总之，数据共享平台的搭建能够发挥数据优化整合后价值复利倍增的作用，让数据辅佐决策，让决策更加高效。

第七节　结　语

LNG 是世界公认的最清洁的化石能源，具有经济高效、清洁环保、灵活方便、安全可靠的特点。在环境污染日益严重、天然气消费不断扩大的当下，其战略意义不言而喻。依托于港口接收站的各 LNG 转运企业，是能源进口的桥头堡，也是 LNG 向全国辐射的传送带，对我国能源安全保障和环境质量提升做出了积极的贡献。

LNG 港口转运业务的健康开展离不开良好有效的安全风险管控制度。良好适度的安全风险管控有助于 LNG 转运企业运营能力的良性提升，而繁重过度的安全风险管控则有可能阻碍企业的正常转运业务。要谋求 LNG 港口转运业务安全风险管控效能的跃升，必须考虑市场主体对监管行为的负担，以最优方式推进管控；必须正视企业自发加强安全风险管控的动因，给予企业一定的信任；必须提防行政机关内部压力传导的异化，防治粗暴低效的层层加码。为实现上述愿景，有赖于公共服务能力、多元公治能力、信息整合能力等政府安全风险管控能力的提高。

  本专题从介绍具体管控措施入手，描述了 LNG 港口转运安全风险管控体系的"毛细血管"，既介绍了企业内部卓有成效的安全风险管控手段，也揭示了现行安全风险监管体系中责任分配的失衡与政府监管的低效。笔者认为，要实现安全风险管控体系的效能跃升，首先应以正确的目标导向为前提，既实现安全和效率价值，又优化营商环境，促进 LNG 转运业务可持续发展。政府要提高公共服务供给的数量与质量，打破监管部门之间条块分割的内部隔阂，主动倾听企业的诉求与呼声，加快向服务型政府迈进的步伐。政府应以优质的监管模式为基础，从"压力型监管"转向"合作型管控"，高效率低成本地推动管控目标达成。当然，企业也要继续加强安全风险管控的"内功"修炼，获取监管部门的充分信任，热忱对政府建言献策，同时积极参与到技术规范和产业标准的制定过程中，使自己的诉求得以充分表达。要绘出 LNG 港口转运安全管控效能跃升的"大写意"，需要以管控措施和管控能力为抓手，描好"工笔画"，笔者期待更加深入、细致的研究。

参考文献

一 著作类

（一）中文著作和译作

陈振明：《公共政策分析导论》，中国人民大学出版社2003年版。

崔政斌、张美元、周礼庆：《杜邦十大安全理念透视》，化学工业出版社2013年版。

杜松怀：《电力市场》，中国电力出版社2015年版。

［美］富兰克·H.奈特：《风险、不确定性和利润》，王宇等译，中国人民大学出版社2005年版。

冯庆东：《能源互联网与智慧能源》，机械工业出版社2015年版。

龚向前：《我国能源法律制度的完善与创新研究》，法律出版社2017年版。

刘建平、陈少强、刘涛：《智慧能源：我们这一万年》，中国电力出版社2013年版。

王毅：《智慧能源》，清华大学出版社2012年版。

吴胜武、闫国庆：《智慧城市：技术推动和谐》，浙江大学出版社2010年版。

俞可平：《政府创新的理论与实践》，浙江人民出版社2005年版。

张乐瑜：《哈贝马斯"商谈理论"论域中的法律与道德》，中国政法大学出版社2018年版。

（二）外文著作

Roy Rothwell, Walter Zegveld, *Reindusdalization and Technology*,

Logman Group Limited, 1985.

二 论文类

(一) 中文论文

曹广明:《LNG 接收站事故统计分析研究》,《安全、健康和环境》2014 年第 7 期。

陈功焱:《LNG 接收站码头接卸作业安全及关键问题分析磁》,《广东石油化工学院学报》2014 年第 6 期。

陈学焰:《大型 LNG 码头消防系统及问题分析》,《石油化工安全环保技术》2019 年第 35 期。

成菲、舒兵、秦园:《国外天然气利用趋势及其启示与建议》,《天然气技术与经济》2017 年第 2 期。

丁志峰:《关于社会单位落实消防责任主体的思考》,《科技创新导报》2014 年第 24 期。

董朝阳、赵俊华、文福拴、薛禹胜:《从智能电网到能源互联网: 基本概念与研究框架》,《电力系统自动化》2014 年第 15 期。

冯相赛:《分布式光伏电站运维现状及发展趋势》,《能源与节能》2018 年第 4 期。

光伏发电产业形势分析课题组:《赛迪智库——2014 年中国光伏发电产业发展形势展望》,《太阳能》2014 年第 1 期。

郭璇:《影响中国分布式光伏发电发展的因素分析》,《江苏科技信息》2014 年第 4 期。

韩晓沛:《光伏电站智能运维与建设解析》,《电子世界》2018 年第 14 期。

胡建生:《关于完善水上消防执法依据的几点思考》,《水上消防》2013 年第 5 期。

贾国征:《分布式光伏发电在智能电网中的作用分析》,《电子世界》2016 年第 10 期。

江心英:《生态设计: 现代企业可持续发展的必然选择》,《商业研究》2006 年第 16 期。

李国杰、程学旗:《大数据研究: 未来科技及经济社会发展的重大战略领域——大数据的研究现状与科学思考》,《中国科学院院刊》2012 年第 6 期。

李健胡、萧彤：《日本 LNG 接收站的建设》，《天然气工业》2010 年第 30 期。

李健胡：《美日中 LNG 接收站建设综述》，《天然气技术》2010 年第 4 期。

刘丹、衣东丰、王琳晴：《企业家创新生态系统的构建与分析》，《科技管理研究》2016 年第 7 期。

刘洪：《LNG 加注站的安全管理》，《劳动保护》2014 年第 7 期。

刘兴鹏：《我国港口消防监督及灭火救援管理边界问题分析》，《中国应急救援》2017 年第 6 期。

鲁宗相、黄瀚、单葆国、王耀华、杜松怀、黎静华：《高比例可再生能源电力系统结构形态演化及电力预测展望》，《电力系统自动化》2017 年 9 月。

鲁宗相、李海波、乔颖：《高比例可再生能源并网的电力系统灵活性评价与平衡机理》，《中国电机工程学报》2017 年第 1 期。

吕景胜：《我国中小企业法律风险实证研究》，《企业管理》2007 年第 5 期。

吕茜、郭鹏慧：《光伏电站数据中心建设研究》，《水电站机电技术》2018 年第 7 期。

马刚：《企业法律风险防范机制的构建》，《企业管理》2012 年第 6 期。

马建汶、蔡波妮：《液化天然气码头消防技术》，《水运工程》2018 年第 6 期。

马义平、许乐平、赵睿、杨开亮、李国祥：《加注 LNG 燃料的船舶安全管理措施研究》，《船舶》2019 年第 30 期。

孟小峰、慈祥：《大数据管理：概念、技术与挑战》，《计算机研究与发展》2013 年第 1 期。

母宝颖、房卓、王文渊、郭子坚：《日本 LNG 码头与接收站建设特征研究》，《水运工程》2019 年第 5 期。

潘柱廷、程学旗、袁晓如、周涛、靳小龙：《CCF 大专委 2016 年大数据发展趋势预测——解读和行动建议》，《大数据》2016 年第 1 期。

钱进：《"六部门"联合印发〈智能光伏发电产业发展行动计划〉》，

《工程建设标准化》2018 年第 4 期。

渠滢：《我国政府监管转型中监管效能提升的路径探析》，《行政法学研究》2018 年第 112 期。

沈岿：《论行政法上的效能原则》，《清华法学》2019 年第 4 期。

宋峰彬、陈功焱、黄刚：《液化天然气接收站槽车区 LNG 泄漏事故树分析》，《化学工程与装备》2011 年第 11 期。

宋诗、钱辰辰：《基于云平台的光伏电站运维管理系统设计》，《电器与能效管理技术》2015 年第 24 期。

孙晓平、朱渊、陈国明：《国内外 LNG 罐区燃爆事故分析及防控措施建议》，《天然气工业》2013 年第 5 期。

檀庭方、李靖霞、吴世伟、王涛、张哲、王紫东：《基于"互联网+"的智能光伏电站集中运维系统设计与研究》，《太阳能》2017 年第 9 期。

万颖：《效能政府基本问题研究》，《泰山学院学报》2009 年第 31 期。

万颖：《效能政府建设指标体系研究》，《厦门特区党校学报》2010 年第 1 期。

王成山、李鹏：《分布式发电、微网与智能配电网的发展与挑战》，《电力系统自动化》2010 年第 2 期。

王强、杨眉：《LNG 储罐泄漏事故后果分析》，《重庆科技学院学报》（自然科学版）2013 年第 2 期。

王斯成：《分布式光伏发电政策现状及发展趋势》，《太阳能产业论坛》2013 年第 8 期。

薛禹胜、赖业宁：《大能源思维与大数据思维的融合（二）应用及探索》，《电力系统自动化》2016 年第 8 期。

薛禹胜、赖业宁：《大能源思维与大数据思维的融合（一）大数据与电力大数据》，《电力系统自动化》2016 年第 1 期。

闫斌：《立法合法性研究：审视与建构——基于立法商谈理论的视角》，《甘肃行政学院学报》2014 年第 5 期。

余钢、方正、谢丽霖：《浅谈我国港口消防现状及对策》，中国科协年会，2007 年。

余少祥：《论公共利益的行政保护——法律原理与法律方法》，《环球法律评论》2008 年第 3 期。

余少祥：《论公共利益与个人权利的冲突与协调》，《清华法学》2008

年第 2 期。

张春利：《倾力支持，服务产业智能化发展》，《中国石油和化工经济分析》2017 年第 4 期。

张德久、徐敏：《中国 LNG 产业发展现状、问题及对策》，《石化技术》2019 年第 26 期。

张盼：《我国企业营商环境法治化保障路径研究》，《人民法治》2018 年第 19 期。

张天文、沈道军、周承军、陆川：《能源互联网之智能光伏电站建设与运维探讨》，《科技展望》2016 年第 32 期。

张雄君、邹戈阳、张佳维：《我国 LNG 接收站对第三方开放及影响》，《煤气与热力》2019 年第 39 期。

张雅娴、苏竣：《技术创新政策工具及其在我国软件产业中的应用》，《科研管理》2001 年第 4 期。

张岩鸿：《地方政府效能建设的实践路径及策略选择》，《特区实践与理论》2009 年第 3 期。

赵加强：《中国太阳能光伏发电发展的法律政策问题——以政策工具优化为视角》，《上海交通大学学报》2014 年第 6 期。

赵腾、张焰、张东霞：《智能配电网大数据应用技术与前景分析》，《电网技术》2014 年第 12 期。

赵筱媛、苏竣：《基于政策工具的公共科技政策分析框架研究》，《科学学研究》2007 年第 1 期。

赵智、李泽民：《单位消防安全主体责任的立法探讨》，《消防科学与技术》2012 年第 12 期。

周朝晖、林晶、徐凤、李凤艺、徐建清、李贵生、王毅、林诚：《"互联网+水质监管"跨部门信息共建共享的探索》，《中国卫生监督杂志》2019 年第 26 期。

周鑫：《液化天然气 LNG 工厂安全管理探讨》，《现代商贸工业》2018 年第 39 期。

左红梅、王维超、薛晶：《智能电网促光伏发电产业发展》，《中国电力企业管理》2010 年第 16 期。

(二) 英文论文和报告

M. M. Hand, S. Baldwin, E. De Meo, et al., *Renewable electricity futures study*, Colorado：National Renewable Energy Laboratory, 2014.

Pricewaterhouse Coopers LLP (PwC), Potsdam Institute for Climate Impact Research (PIK), International Institute for Applied Systems Analysis (IIASA), *100% Renewable electricity：a roadmap to 2050 for Europe and North Africa*, 2014.

Sener Can, Fthenakis Vasilis, "Energy policy and financing options to achieve solar energy grid penetration targets：Accounting for external costs", *Renewable & Sustainable Energy Reviews*, 2014.

Zhao Xingang, Zeng Yiping, Zhao Di, "Distributed solar photovoltaics in China：Policies and economic performance", *Energy*, 2015.

三 电子文献类

（一）中文电子文献

何继江：《能源互联网与分布式发电市场化交易平台技术》，https：//mp.ofweek.com/solar/a245663126856，2019年7月11日。

胡丹：《IHS Markit：海外光伏市场的机会与挑战》，http：//guangfu.bjx.com.cn/news/20181026/937010.shtml，2018年10月26日。

康重庆：《高比例可再生能源电力系统的挑战与应对》，http：//news.bjx.com.cn/html/20181016/934115.shtml，2018年10月16日。

刘文华：《能源供应增长加快，清洁能源占比不断提高，国家统计局局长解读"半年报"》，http：//www.stats.gov.cn/tjsj/sjjd/201907/t20190717_1676924.html，2019年7月17日。

能源情报研究中心：《中国能源大数据报告》（2019），http：//news.bjx.com.cn/html/20190516/980721-2.shtml，2019年5月16日。

彭澎：《最新光伏政策及发展趋势》，http：//guangfu.bjx.com.cn/news/20181025/936770.shtml，2018年10月25日。

王守相：《面向弹性提升的新一代综合能源智能配电系统》，http：//shupeidian.bjx.com.cn/news/20181017/934446.shtml，2018年10月17日。

智能电网专责小组：《智能电网和能源》，https：//ec.europa.eu/energy/en/topics/market-and-consumers/smart-grids-and-meters，2018年7月11日。

周孝信：《能源转型中我国新一代电力系统的发展前景》，http：//

shupeidian. bjx. com. cn/news/20180308/884290-2. shtml，2018 年 3 月 8 日。

（二）英文电子文献

British Photovoltaic Association，British Photovoltaic Association UK Solar PV Industry Charter，http：//www. bpva. org. uk/media/48793/uk_solar_pv_industry_charter.pdf，2018 年 6 月 11 日。

Clearpower，Dynamic windows that produce power and control solar heat gain，https：//www.clearpower.energy/，2018 年 7 月 11 日。

César Alejandro Hernández Alva，Xiang Li，Insight Series2018 - PowerSector Reform in China，https：//webstore. iea. org/insights - series - 2018-power-sector-reform-in-china，2018 年 6 月 2 日。

IEEE，Make smartgrid are liaty，https：//smartgrid.ieee.org/，2018 年 6 月 11 日。

Kathie Zipp，What Is A Smart Solar Inverter？https：//www. solar power world online.com/2014/01/smart-solar-inverter/，2018 年 7 月 13 日。

Mike Orcutt，How Block chain Could Give Us a Smarter Energy Grid，https：//www.technologyreview.com/s/609077/how-blockchain-could-give-us-a-smarter-energy-grid/，2018 年 6 月 13 日。

Smart flower，Follow the Sun，http：//smartflowersolar.com/，2018 年 6 月 22 日。

SolarEdge，Solar Edge Residential Offering for Installers，https：//www.solaredge. com/sites/default/files/residential_catalogue_eng.pdf，2018 年 6 月 8 日。

US，Department of Energy Office of Electriicity，Recovery Act Reports and Other Materials：Smart Grid Investment Grant（SGIG），https：//www.energy.gov/oe/recovery-act-reports-and-other-materials-smart-grid-investment-grant-sgig，2019 年 6 月 11 日。

后　　记

　　自 2018 年起，在本书作者的带领下，由重庆大学法学院博士研究生、硕士研究生和部分本科生组成的四支队伍参加了由中国法学会能源法研究会主办的第三届和第四届全国"绿能杯"高校法学研究生暑期调研竞赛。全国"绿能杯"高校法学研究生暑期调研竞赛是中国法学会能源法研究会主办，以研究生为主要参赛对象的、能源法学领域的最高水平赛事。在这两届竞赛中，我们提交的四份调研报告均取受到了比赛组委会的好评，分别取得了两次一等奖和两次二等奖的好成绩。其中，第三届比赛由重庆大学法学院能源法治研究所所长胡德胜教授担任学术顾问，由副所长王江副教授担任两支队伍的指导老师和领队，所提交的《分布式光伏发展中政策风险的有效消解》和《智能光伏：肇启、愿景与实现》调研报告分获一等奖和二等奖。第四届比赛由胡德胜教授和王江副教授分别担任指导老师，所提交的《我国天然气管道运输管理体制改革中的法律问题及因应路径》和《LNG 港口转运安全风险管控的现实样态、制度图景和效能跃升》分获二等奖和一等奖。在以上四份调研报告的基础上，作者增加了由王江、杨静执笔完成的专题三的内容并由王江统稿，胡德胜修改定稿。

　　2020 年 11 月 7 日，历时 6 个月的第五届全国"绿能杯"高校法学研究生暑期调研竞赛于在中国石油大学（华东）落下帷幕。经过多轮的激烈角逐，重庆大学法学院两支参赛队伍提交的调研报告《成渝地区天然气产业一体化高质量发展机制的深度优化研究——以疫情背景下建成双城经济圈为目标引领》和《川渝电网一体化：现实图景、制度掣肘、破解之道》分获大赛二等奖和三等奖。无奈时间匆忙，无法将上述两份报告纳入本书之中，甚为遗憾。

本书撰稿分工如下：专题一，王江、杨静、胡园园、刘鹏；专题二，王江、陈宝山、杨睿、王嘉琪；专题三，王江、杨静；专题四，胡德胜、王涛、杨焱、张明、刘浩；专题五，王涛、杨焱；专题六，王江、黄东、杨景晖、柏清、孙睿恒。

限于作者能力，本书内容多有不妥之处，敬请专家、读者提出宝贵意见。

作者

2021 年 1 月 4 日